DER DOM WAR VERSCHWUNDEN! ALS DIE SONNE ÜBER DEM RHEIN AUFGING,

Dada op Kölsch

von
Martin
„*Pee Wee*"
Cordemann

„WIR SAGEN EINFACH, DAS IST DER NEUE LEUCHT-TURM VON HELGOLAND!" DER DOM WAR GEFUNDEN!

Mit besonderem Dank an Nuesret Kaymak

Quellen: Weitere Texte von Peter Berchem finden sich hier:
http://jlobal-koelsche-sigge.de/berchem.php?Rid=113

Noch mehr von Willi Ostermann gibt es hier zu entdecken:
http://www.kallendresser.de/ostermann/titel/index.html

Und wer Angela Krüll singen hören möchte, findet hier die Termine:
www.angela-kruell.de

Martin „PeeWee" Cordemann
Dada op Kölsch. Et Boch för bekloppte Lück
Copyright © 2012 by Regionalia Verlag, Rheinbach
Alle Rechte vorbehalten

Layout und Satz: Andreas Paqué, www.paque.de
Einbandgestaltung: A. Aspropoulos für agilmedien, Niederkassel
Cover-Illustration: Nuesret Kaymak, Aachen
Printed in Poland 2012
ISBN 978-3-939722-02-1

www.regionalia-verlag.de

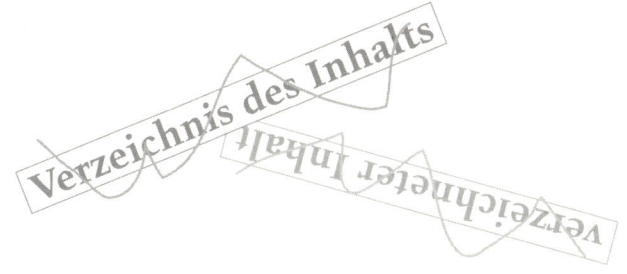

Inhalts Verzeichnis

3

1 Redin an die Frau

Liebe Leserinnen und Frauen,

liebe **Männerinnen** und Männer, **Kinderinnen** und Kinder. Heute sind wir hier zusammengekommen, um uns endlich einer feministischen Sprache hinzugeben. Die Zeiten von Mann und Er sind hiermit vorbei.

Im Winter trägt frau jetzt statt einen warmen Mantel einen warmen Frautel. Beim Fußball treten statt Mannschaften Frauschaften gegeneinander an. Und dass der Begriff „Manipulation" doch eigentlich mit „**Frauipulation**" näher an der Wirklichkeit ist, dürfte wohl unbestrittinnen sein.

Und wenn, meine lieben **Schwesterinnen** und Schwestern, der Erfolg zum Siefolg wird, dann ist es klar, dass der Siegeszug der Frau begonninnen hat. Ja, frauches in der Sprachin war bislang nicht fraulichen Ursprungs. Doch **heutin** wird das alles anders.

Proletinnen fahren jetzt einen Frauta mit einer Fuchsschwänzin am Rückspiegel. Frauen sind sierotisch, sieringen Siefolge, siegen sogar in frauchen Sportartinnen.

Findet frau das ungewöhnlich? Nein, denn es ist **Efrauzipation**. In Reinkulturin. Ist das sieschreckend? An der Anfänging vielleicht. Und doch: Frauchmal sind es diese Schrittinnen, diese Rie*sie*ken, die frau an ihre Zielin bringt. Wir haben es sieforscht. Die **Siefahrungen**, ja, die Siegebnisse sind, wie könnte es anders sein, po*sie*tiv!

Ich sehe siewartungsvolle **Blickinnen**. Haben wir übsietrieben? Ist das wirklich sievorderlich? Dass sich frau die **Fraudeln** rausnehmen lassen kann. Oder ihre Frauschettenknöpfe schließt. Einem Infarkt sieliegt. Sogar endlich angemessen aus einem **Frauuskript** liest. Nun, das ist *sie*chsielich siefreulich!

Denn dadurch wird die Sprachin zu einsie Instrumentin dsie Frauin. Alle Wörtinnen sollinnen in **Zukünftin** weiblich seinin. Dennin dannin istin die Sprachin weichsie undin schönsie. Undin sie schafft nochin eine **Vorteilin**: Allesin wird viel vsieständlichsie!

De Kölsche Geschicht als Gedicht

Um 50 nach C, h, r
Kamen sie vom Mittelmeer
Unser aller Ahnen
Sie waren Veteranen
Aus dem Reich von Rom
Noch gab es keinen Dom
Und Ubier hieß das Ding
So heißt noch heut ein Ring!

Im Jahr 259
Steh'n für Köln die Sterne günstig
Denn es soll die Hauptstadt sein
Vom lostgelösten Reich am Rhein
Für die Wasseraufbereitung
Hat Köln eine lange Leitung:
90 Kilometer lang
Gab es einen langen Strang
Der der Stadt das Wasser brachte
Und worüber niemand lachte
Gab es damals auch wohl schon
Kölsche Kanalisation

5

Nicht verwechseln

Meißner, Porzellan
Mit Vorsicht behandeln, da es beschädigt werden kann.

Meißner, Kardinal
Mit Vorsicht behandeln, da er beschädigend wirken kann.

2 Dadü Dada

Huch, da sind Sie ja schon! Bitte? Ja, Sie haben natürlich völlig Recht, es wäre wirklich zu einfach, Köln auf Kölsch und Karneval zu reduzieren. Da sind ja auch noch der Dom und der Rhein. Das deckt es jetzt aber wirklich ab, oder?

Aber kommen wir zu dem Thema, auf das Sie seit ein paar Seiten gewartet haben. „Dadaismus auf Kölnerisch", um das einmal auf Hochdeutsch zu formulieren. Machen wir uns nichts vor, Kölsch ist eine aussterbende Sprache. Lange Zeit wurde es in den Schulen nicht gelehrt, und Schüler, die sich auf Kölsch unterhalten haben, wurden sogar ausgegrenzt. Schade um so eine schöne Sprache!

Über den Dadaismus, oder Dada, wie wir ihn freundschaftlich nennen, brauche ich Ihnen auch nichts zu erzählen, da wissen Sie bestimmt mehr als ich. Oder haben Sie sich auf dieses Buch nicht vorbereitet?

Hm? Ich spüre da gerade einen leichten Zweifel. Und das ist völlig richtig, denn genau darum geht es. Um den Zweifel an allem. Quasi dem Anzweifeln von allem. Wen interessieren schon Normen, wenn man sie auch anzweifeln kann? Da der Dadaismus also quasi alle Regeln anzweifelt … wäre es wohl ziemlicher Blödsinn, wenn er sich selbst irgendwelchen Regeln unterwerfen würde. Also warum sollten dadaistische Texte nicht sogar aus einer Zeit stammen, als es den Dadaismus noch gar nicht gab?!

Sehen Sie? Das war doch gar nicht so schwierig. Und nun: Viel Spaß mit unseren Gastautoren, die der Kölschen Sprache noch mächtig sind, waren oder in einem nächsten Lesen sein werden!

Dä eß verdötsch!

von Willi Ostermann

Wer sich janz unschineet et Jeseech met Kruck beschmeet
un sich met Fleeje an de Wäng zerschleit,
wer Schohn met Kalvfleisch lapp, mem Mungk noh Möcke schnapp,
wer en de Rieszupp Mostert schödden deiht,
wer leddere Lappe käut, un sich mem Kopp zerhäut,
wer et jroße Loß jewennt un nimmb nit an,
wer noch met dressig Johr am Duhme lötsch,
dä es verdötsch! Dä es verdötsch!

Wer sich ne Strühhot käuf, dann domet Schlittschon läuf,
un dann ne Sonnestich em Winter kritt,
wer Naaks jeriet en Woht, un läht sich en de Soht,
wer für ne Jrosche fuffzehn Penning jitt,
wer sich met Knolle wisch, un dann am Mond avdrüch,
wer sich mem Bessem singe Kopp frisiert,
wer üvver unjehubbelte Bredder rötsch,
dä es verdötsch! Dä es verdötsch!

Wer sich de janze Woch des Meddags Brutzupp koch,
un wer et Schlofejonn des Naaks verjiss,
wer nur Petroleum drink, et Bier mem Jlas verschlingk,
wer met der Jaffel immer Fleischzupp iss
wer sich e Zweirad käuf un stellt et op de Läuf,
wer sich vun Botzeknöpp schött Kaffee op,
un wer en Jaslatän en de Backe petsch,
dä es verdötsch! Dä es verdötsch!

Ald Kölle

von Peter Berchem

Et wòr e Gäßge, kromm un schmal,
Worenn ich stonngeblevve;
Sie Flaster wor wie Birg un Daal
Un rund un glatt gerevve.

> Do stunnt en Huus us aler Zigg,
> Hatt noch ene Trappegivvel
> Un hingk e beßge noh der Sigg,
> Als hätt et jett em Stivvel.

Un bovven huh, bal en der Feesch,
Do los ich, ganz verwundert,
Grad en enem Striefe Sonneleech
De Johrzahl »Fuffzehnhundert«.

> VeerhundertJohr! Wat kunnt dat Huus,
> Die Gaß nit all verzälle!
> Sohch doch us jeder Eck eruus
> E Stock vum ale Kölle!

ün wie ich do su stunnt un daach
An längs vergangene Zigge,
Wie Bürgerstolz un Ritterschpraach
Ich sohch vörüvverschrigge,

> Do gingk am Hus e Finster op,
> Dran dät eruus sich bocke
> E Möhnche met enem griese Kopp
> Un an de Blöömcher plöcke.

Un vun enem Rüsge Knopp un Bladd
Meer feel verwelk zo Föße;
Ald-Kölle leet – su wor et grad –
Zum Avscheed noch ens größe.

Fastelovend

von Peter Berchem

Fastelovend eß gekumme!
All de Kölsche sin aläät,
üvverall gonn decke Trumme,
üvverall do weed getrööt.

> Durch de Stroße springe Gecke,
> gääl der ein, der andere grön;
> wat se och zesammeflecke,
> jeder meint, sing Kapp wör schön.

Wie de Ale su de junge!
Plätsch un Raspel en der Hand,
kütt dat Puutespill gesunge,
hügg säht nichs der Herr Scharschant.

> Vun dem Nüümaat stolz un stödig trick
> der Fastelovendszog,
> un et Volk läuf rack wie wödig,
> süüht der Prinz nit off genog.

Strüüßger fleegen un Kamelle,
alles juhz un raaf un Iaach;
mallig deit dervun verzälle,
wann vörüvver eß de Praach.

> üvverall gonn decke Trumme,
> üvverall do weed getrööt,
> Flastelovend eß gekumme,
> un de Kölsche sin aläät!

8

Alaaf Kölle

von Peter Berchem

Et litt en Stadt voll Glanz un Praach
am schönsten deutsche Strom,
do größe stolz op helliger Waach
de Tön vum iwigen Dom;
wo eß en Heimat, schön wie ming?
Alaaf, alaaf mie Köll′n am Rhing!

Et klingk en Sproch su ganz apaat,
genöglich, leev un lus,
se eß vun echter, deutscher Aat,
sprich frei un geraderus;
en schönere nie em Ohr mer log:
Alaaf, alaaf de kölsche Sproch!

Et schleiht en Hätz, su treu wie Gold,
för Fründschaff, Huus un Hääd,
dat bliev Humor un Fruhsenn hold,
ov Loß ov Leid et dräht;
kein ander eß esu rich an Schätz:
Alaaf, alaaf et kölsche Hätz!

9

Banküwwerfall vum Dreigestirn

von Angela Krüll & Martin Cordemann

Tünn, Schäl un Jupps größter Wunsch wor he op Ääde
Eimol Dreigestirn zo wäde, in Kölle am Rhing
Tünn, Schäl un Jupp, hotten ävver nit die Knete
Für die Fastlovendsfete, dat wor äch gemein.
Nu üvverlaahten se: Wie kumme mir an dat Geld?
Ne Banküvverfall, wor dann ihre Idee,
Dat wor dat wat enne gefällt.

Tünn, Schäl un Jupp, die mohten sich maskiere,
Söns kunnt et wal passiere, dat mer se erkennt.
Dröm sullt der Tünn, drei Clownskostüm besorge,
Im Kostümverleih usborge, dat hätt hä verpennt.

Nu soße se do, frochte: „Wat sulle mer dun?"
„Mer han e Kostöm", feel dem Jupp dann in.
„Als Dreigestirn – na, wat sähste nu?"

Dann gingk et los, ein Bank noh der nächste die wor nu dran
Die drei kome an Geld un hatte op eimol vill Spaß dodran.
De Polizei wor in Opruhr, se wosst nit wer künnt dat sin.
Doch gov et bal och en heiß Spur un alles dügg op et Dreigestirn hin.
Sag, wer hätt dat dann gedach? Jo, do bes de platt!

Ävver die Polizei vun Kölle es jo nu och nit blöd und hät sich üvverlaat, wo dat Ganove-Trio et nächst zuschlage künnt. Un noh ihre Berechnunge kunnt dat nur die Sparkass am Wiener Plaaz in Müllem sin. Also han se sich do posteet un vürher ne gode Plan usgedaach, wie se dat Krätzcher maache künnte. Ävver natürlich kütt et immer anders als gedaach …

10

An Rusemondag sullt dä große Coup gelinge
Mer wullt de Räuberbande finge un in et Klingelpütz bringe.
Doch weil et ächte Dreigestirn usgerechnet bruch noch Geld,
Un vür der Bank dann hält, wäde sei geschnapp.
Me deiht se fott un trick se us dem Verkehr,
me sperrrt se en un vergiss se dann do
Kölle hät kein Dreigestirn mehr.

Tünn, Schäl un Jupp, leev Lück, wat sull ich sage,
Nu stonn die Drei do op däm Wage, im Rusemondagszog.
Denn dat ächte Dreigestirn, wor irgendwie verschwunde
Un als Ersatz hät mer gefunge: Tünn, Schäl un Jupp.

Tünn, Schäl un Jupp, ihr Draum is wohr gewurde,
se sin et Dreigestirn wurde …. Alaaf!

In Kölle gebützt

von Angela Krüll & Martin Cordemann

För dis Session – hät et Festkomitee,
en ganz groß Vision – en richtig tolle Idee.

> **Jetz weed in Kölle gebütz, denn dat mäht su vill Spaß**
> **dat muss mer erläv han, eimol nur im Fasteleer**
> **In Kölle gebütz, jo dat stich richtig aan,**
> **do mäht jeder gän mit un jeder hät sing Freud dran**

11

Et schnapp sich jeder – denne der bei im steiht
un bütz en dann – su got un off et geiht.
Die ganze Stadt – is usser Rand un Band
us aller Welt – kummen se angerannt,

> **Denn et weed jo jetz in Kölle gebütz, ech, dat mäht su vill Spaß**
> **dat muss mer erläv han, eimol nur im Fasteleer**
> **In Kölle gebütz, jo dat stich richtig aan,**
> **do mäht jeder gän mit un jeder hät sing Freud dran**

Ne Fremde bliev mer – do ganz bestimmp nit lang,
en Fründschaft nimmp mer sich – he jedem an
Die Mädcher bütze dann – sugar dä Schääl
Do weed der Tünn – für Missguns ävver ens esu richtig gääl

> In Kölle gebütz, jo, dat mäht su vill Spaß
> dat muss mer erläv han, eimol nur im Fasteleer
> In Kölle gebütz, jo dat stich richtig aan,
> do mäht jeder gän mit un jeder hät sing Freud dran – gebütz!

Doch wenn gebütz weed – nur im Fastleer
Jo wat mache mer dann – hingerher?
Wann Aschermittwoch – is vürbei
Is denn dann och Schluss mit der schön Bützerei?
Doch mer han die Wahl – un et is uns egal,
denn dat is doch klor – dat Motto bliev et ganze Johr.

> En Kölle gebütz, jo dat mäht su vill Spaß
> dat muss mer erläv han un nit nur im Fasteleer
> In Kölle gebütz, jo dat stich richtig aan,
> do mäht jeder gän mit un jeder hät sing Freud dran

12

Der kölsche Zappes

von Peter Berchem

Hä kann esu blieve,
deit »Hendrich« sich schrieve,
weed »Köbes« genannt,
süht us wie vum Land,
hät Backe wie Keesche,
der Schnäuzer gestreche,
de Hoore voll Fett,
eß immer adrett.

E blo Kamesölche,
am Hals e wieß Röllche,
ne Schooz nit zo spack,
dat eß singe Frack.
De Täsch am bequäme
glanzleddere Reeme,
dat mäht in rääch schlank,
et Büchelche langk.

Su deit hä sich schlängele,
su deit hä sich drängele
lans Desche un Stöhl
durch all dat Gewöhl.

Deit einer im winke,
sie Glas nor usdrinke,
ov et räächs eß ov links,
dat hät hä gespinx.

Brängk he denne Härcher
Fünfpennings-Zigärcher,
däm do e Glas Wieß
bei't Röggelche Kies,
hölt flöck nem Madämche
e dreistöckig Hämmche,
dem Stammdesch »Got Spund«
de veezehnte Rund.

Hä weiß zo verzälle
männich Krätzche us Kölle,
verdräht ene Wetz,
nimmp keinem jet spetz,
eß fründlich, maneerlich,
vör allem grundehrlich
un immer fidel-
Ne prächtige Kääl!

13

Kölsch kommt

von Angela Krüll & Martin Cordemann

Ich stonn an der Thek un maach en Paus
Un luuren noch eimol durch dat volle Haus
De Lück sinn us, als hätte se Spaß
Einer zeig mir si leer Glas.

Ich weiß genau, wat hä wahl will
Ich gevv im e Zeiche un hä nick still
Dann sach ich dem Zappes: „Dun mer ne Kranz,"
Un schon fängk an der nächste Danz.

Kölsch kommt! Kölsch kommt!
He liefern mer promp.
Dat ham mer nit, git et he nit,
Weil jeder si Kölsch kritt.
Kölsch kommt! Kölsch kommt!
He liefern mer promp.
Bliev röhig, ich sag doch, di Kölsch kommt.

He loss mich ens durch – Kriss do och en neu?
He häs de noch e Glas met dem kölsche Gebräu.
Trett ich im Gedräng einem op der Foß
Pech gehatt, ne schöne Groß.

No sag ens, ich gläuv ich wäden beklopp,
Do geiht mer dat Fraumünsch he doch glatt an de Fott.
Jo, Levvche ich weiß, ich ben dingen Draum
Doch Zigg für dich han ich jetz kaum.

14

Kölsch kommt!
Kölsch kommt!
…

Wer kritt he die Flönz un wer der Halven Hahn?
Un wer wullt he dat Sprudelwasser han?
Wat? Do wills ne Prosecco han?
Dat is doch alles Dress! Met su jet fange mer nit an!

Kölsch kommt! Kölsch kommt!
…

Leev Marie, wat ben ich platt!
Bliev rohig, ich sag doch, dä Kölsch kommt.
Bliev rohig, ich sag doch, dä Kölsch kommt.
…
Kölsch kommt! Kölsch kommt!

15

+++ DIE KÖLNER NUBBEL NACHRICHTEN – EILMELDUNG +++
Wir unterbrechen dieses Buch für eine wichtige Mitteilung: Der Domstadt droht eine Umweltkatastrophe. Ein Tanker mit einer Ladung Altbier ist auf dem Rhein bei Marienburg leckgeschlagen. Bereits einige hundert Liter der bierähnlichen Flüssigkeit sind aus dem Schiff ausgetreten und nähern sich nun langsam der Altstadt. Die Behörden versuchen, das Leck mit Bierdeckeln zu stopfen, doch noch treibt ein Altbierteppich auf Köln zu. Das Kölner Festkomitee erwägt, auf dem Rhein einen Kölschteppich vor der Altstadt zu legen, um schlimmeres zu verhindern. Und nun zurück zum Buch.
+++ DIE KÖLNER NUBBEL NACHRICHTEN – EILMELDUNG +++

Rödsel

von Peter Berchem

Hä eß bekannt en aller Welt,
ich kann in nit verdrage;
de Gall em Liev mer üvverquellt,
hören ich vun im jett sage.

Ald eß hä wie Mathusalem
un well un well nit sterve;
hä eß wie kodde Plack esu schlemm
un liet sich nit verderve.

Weed nor bekannt en god neu Stell,
en Arbeid uusgeschrevve,
mer kann et maache, wie mer well,
hä steiht gelich dernevve.

Hä tätsch sich üvverall eren
un sök sich sie Pröfitche;
hä driht die Saach noh singem Senn
un - hät se me'm Schäfftche.

Dröm günnt ich dennen, die dran schold,
- et eß ene ganze Püngel -
der Düvel hätt se all geholl
met ehrem «Kölsche .... ¡»

16

Dat richtige kölsch Platt

von Willi Ostermann

Wo ich bin gewesen, wohin ich auch kam,
als Kölner ich immer das eine vernahm,
die Städte, die ich hab bereist kreuz und quer,
da liebt man die Sprache der Rheinländer sehr.
Und weil ich nun einmal gebürtig dort bin,
bring ich das Gewünschte im Vortrag hier hin.
Ming Muttersproch dunn ich verleugne doch nie,
zumal wenn die andern doför Sympathie.
Jemütlich, humorvoll en Kölle et es,
dröm ben ich och stolz op ming Heimat jewess.
Un wer ene Kölsche ens uhz oder fopp,
dä bliev stets jemütlich, dä rääch sich nit op!

Dat es dat richtije äch kölsche Platt,
und wer es versteht, seine Freude dran hat.

»Jetzt bin ich es satt«, so sagt der Papa,
»per Arm ich dich gestern zum vierten Mal sah.
»Ich denk, nach nem anderen Mann du begehrst.
Der hat doch kein Geld, wo du jetzt mit verkehrst.
Denn bist du verheirat', dann denke nur nicht,
dass einer von mir fünf Pfennige kriegt.«
»Loss do mich en Rauh«, Säht sing Dochter, et Leen,
»bei dir steiht de Ärmot schon lang op der Stehen,
ding Stellung am Fuhrpark verlangk et doch nit,
dat ein dinger Döchter ne Jrafensohn kritt.
Ich blieve dobei, et wehd minge Mann,
un wenn mer zu esse blos Ähzezupp han.«

Dat es dat richtije äch kölsche Platt,
und wer es versteht, seine Freude dran hat.

Es kommt zu nem Marktweib ein Käufer gerannt,
»Ich bring wieder um, was sie heut mir gesandt.
Die faulen Kartoffeln behalten sie für sich,
auch liebe Madam, der Fisch war nicht frisch.«
»Dä Fesch wor nit frisch, verdrüch Lämetsjahn«,
su fängk der Spektakel om Aldemaat ahn,
»no, wenn sie dat, wat ich verkaufe, nit mügge,
dann sinn se doch zo, wo se jett anderes krigge,
do Esau, do dreckije Norma, do Jeck,
do bes doch för Hunger ald bahl öm de Eck.
Do nackije Bellmann, do hungrije Ziss,
jangk heim, söns schlonn ich dir dä Fesch für die Schnüss!«

Dat es dat richtije äch kölsche Platt,
und wer es versteht, seine Freude dran hat.

Es sagt zu ner Dame ein Herr im Parkett:
»Mein Fräulein, ich finde das wirklich nicht nett,
in jedem Theater, es ist zu versteh'n
Da setzt man den Hut ab, man kann ja nichts sehn.«
Janz anders do klingt et am Dreijroschens - Platz.
En Alt met nem Hot es verkauf un verratz:
»Sag Pitter, no muss do dat Irm blos besinn,
wo well blos dä Hot met däm Judula hin?«
Dat Alt drieht eröm sich, et schreit un wehd blass:
»Das ist ein Modell, ich verbitte mir das.«
»Do langk Marmeladekind reg dich nicht auf,
sons kriss do vun mir jetz en Pelzkapp jekauf.«

**Dat es dat richtije äch kölsche Platt,
und wer es versteht, seine Freude dran hat.**

18

Et Schleckse-Leed (Liebe auf den ersten Hicks)

von Angela Krüll & Martin Cordemann

Als kleine Panz im Kinderjade
Do sullt ich e Gedeech opsage
Mit mingem Fründ, dem Schmitze Schäng
Ich kreet janz plötzlich naaße Häng

Un fing dann zo verzälle aan:
„Im [Hicks] zo Kölle do wor ne Mann
Dä sullt dem [Hicks] ne [Hicks] wal bränge."
Schäng laach mich an, dann dät er singe:

Refrain Ich han de Schlecks! Ich han de Schlecks!
Ich han en sivve Johr jehatt.
Ich han de Schlecks! Ich han de Schlecks!
Ich han [Hicks] en immer noch.

Ich han de Schlecks! Ich han de Schlecks!
Ich han en sivve Johr jehatt.
Ich han de Schlecks! Ich han de Schlecks!
Ich han [Hicks] en immer noch.

Dat Wedder is hück wunderbar,
Ich stonn met Schäng vürm Traualtar.
Der Pastur stellt de große Frog
Un mer verschläg et promp de Sproch

„Willst do dä Schäng zom Mann, Sophie?"
Ich sagen [Hicks], krieg weiche Knee.
Dä [Hicks] deit dann de [Hickse] bränge
All laachen se, dann dun se singe:

Refrain Ich han de Schlecks! Ich han de Schlecks! …

Jetz stonn mer he am Grav janz still
Famillich und der Fründe vill
Ach, Schäng, mer hatte unbestritte
Jode un och schlächte Zigge

Jetz bes de [Hicks] ich [Hicks] dich sehr
Dat [Hicks] weed ohne dich [Hicks] schwer
Ne letzte [Hicks] dun ich dir bränge
Dann muss ich [Hickse] un mer singe

Refrain Ich han de Schlecks! Ich han de Schlecks! …

19

Am Wägkrütz

von Peter Berchem

5

Der andere trok zor Stadt eruus,
De ganze Welt ze kaufe,
Un schlech sich beddelärm noh Huus
Un stervensmöd vum Laufe.

1

Et steiht e Wägkrütz vör der Stadt
Verloßen un vergesse;
Der Meister, dä et hät gemaaht,
Weed keiner wahl mih wesse.

6

Se maahten an dem Wägkrütz Hald,
Die su op heim aan ginge,
Un hann dem Herrgod dran verzallt,
Wovun ehr Hätz wollt springe.

2

Et steiht do unger 'nem alen Baum,
Ne Reß geiht durch de Medde;
Der Herrgodd dran erkennt mer kaum,
Dä hat et miets geledde.

7

Dä hät se stomm bloß aangelot
Bei ehrem bettere Klage,
Un jedem wor, als wenn hä hoot:
»Ich hatt noch mih ze drage.«

20

3

Doch wenn dat Krütz verzälle künnt,
Et wöß uns vill ze sage
Vun Minscheleid un Minschesünd,
Wat all woot derrgedrage.

8

Dann woot dat Hätz do unger stell,
Wie schwer et hatt geledde,
Un saaht getrus: »Wie Godd et well!«
Un kunnt sich widder bedde. –

4

Der ein gingk en de Stadt erenn
Voll Hoffnung, unverdorve,
Un kom zeröck met schwerem Senn:
Sing Unschold wor gestorve.

9

Jitz steiht dat Wägkrütz vör der Stadt
Verloßen un vergesse,
Un nit mih lang – woot meer gesaaht –
Dann weed et avgeresse!

Kaffee to gogo

von Angela Krüll & Martin Cordemann

Kaffeebud Kaffeebud Kaffeebud Kaffeebud
Der Wecker klingelt, viertel op Aach – *Ding Dong*
ich drieh mich öm, koot wor de Naach
Jetz schnell rus aus der Kiss – *Loss jonn*
Eh, keine Kaffee do, wat för ne Miss

Ich dät jetz jähn in der Kaffeebud
Nen Kaffee drinke, das dät mer got
wo mer sich noch jet verzällt
dat is dat, wat he su off fellt

Et jit Kaffee nur noch to gogo
denn die aale Kaffeebud ist zoho
Et jit Kaffee nur noch to gogo
Keiner nimmp sich für ne Klaaf noch Zick
Et jit Kaffee nur noch to gogo
Die Lück sagen ja immer nur noch „So so"
Et jit Kaffee nur noch to gogo
Ich will mein aale Kaffeebud zurück
Kaffeebuuuuud

Mern kunnt he su schön schwade – *Bla bla*
mämm Schreiner, Pützer, Mürer un de Büggele vun d'r Poss
Op der Schupo moot mer off wade – *Na klar*
Un die Kaffeemam, jo, die wor der Boss!

Dat jov et nur noch in der aale Kaffebud!
do soh de Kaffeemam dann rud
un wäje Foßball do wood sich jeklopp
De Kaffee schott mer sich in den Kopp

Et jit Kaffee nur noch to gogo
…

Willste hück ne Kaffee han
jo do weed dir richtig bang
musste dann bei Starbucks gonn
und für Kaffee in der Schlange stonn

Et jit Kaffee nur noch to gogo
…

Sach wann kütt dann nu …

von Angela Krüll & Martin Cordemann

Sach wann kütt dann nu die Bahn?
Sach mir wann nur, wann nur, wann nur?
Denn ich muß op heim jetz an
Sach wann kütt dann nu die Bahn?

Sach wann kütt dann nu de Tax?
Sach mir wann nur, wann nur, wann nur?
In der Bahn war keine Platz
Sach wann kütt dann nu de Tax?

Ich waad hier schon zig ner Stund
bin vom Fiere janz kapott
und jetzt gibt es auch noch Rähn
ich will hier jetzt endlich fot

Sach wann kütt dann nu der Bus?
Sach mir wann nur, wann nur, wann nur?
Weil ich jetzt op heim an muß
Sach wann kütt dann nu der Bus?

Und dann stand ich wieder da
Ne andere Tag, et selve Spiel
stonn de Bein mir in de Buch
jetzt wird et mir zovill

Sach wann kütt denn nu der Zuch?
Sach mir wann nur, wann nur, wann nur?
Isch han vom Waade jetzt genuch
Sach wann kütt denn nu der Zuch?

Sach wann kütt denn nu der Zuch?
Sach wann kütt denn nu der Zuch?
Sach wann kütt denn nu der Zuch?

22

Der ehschte Schnei   von Peter Berchem

Et flock vum Himmel
e wieß Gewimmel:
Der ehschte Schnei.
De Kinder springe,
ehr Stemmcher klinge:
»Et schneit! juchhei!«

Dä Wundersäge
sich höösch deit läge
do Wääg un Daach;
de Lück all lore:
»Wie lang mag dore
die ehschte Praach?«

Fröh weed et dunkel;
beim Leechgefunkel
kütt meer enen Draum:
En mingem Stüvvge
eß Chreßdaagsdüffge,
et brennt enen Baum!

Fröhjohr   von Willi Ostermann

D'r Franz d'r Jivvel es am Weiße, et Trina klopp de Bedder uus,
d'r Filax well et Mietzje bieße, se renne spillend durch et Huus.

De Jroß de Blome deit bejeeße, se stellt de Pött op d'r Balkon,
de Knospe sin als höösch am spreeße, en Mäl git av d'r eeschte Ton.

Un zweschedurch de Mösche piepsche, de Bäum sin langsam uus am schlonn,
d'r Allewis met singem Liebche et eeschtemol noh'm Stadtwald jonn.

Et schingk, de Kält, die es jebroche, et Hätz es manchem nit mie schwer,
ich spüre selvs et en de Knoche, et Fröhjohr, dat es en de Wehr.

Et Fröhjohr kütt

von Peter Berchem

Et Fröhjohr kütt! An Struch un Baum
spinks us dem Knopp et ehschte Bladd,
hät höösch noh'm lange Winterdraum
de Finsterladen opgemaaht.

Et Fröhjohr kütt! En Amsel sök
de Note vun däm Liebesleed,
dat uns verzälle soll ehr Glöck,
wann Aanfangs Mai se Huhzigg feet.

Et Fröhjohr kütt! Dä Sonneglanz
lock op de Stroß et Puutespill;
dat springk un singk ein Rusekranz
un hät jitz Freud mih wie zevill.

Et Fröhjohr kütt! Op stellem Wäg
jung Lieb sich ehres Levvens freut
un, hät se alld jett Mod gekrääg,
om Weiher gän der Naachen däut.

Et Fröhjohr kütt! Nor Ühm un Möhn
sich halde noch ehr Stüvvge wärm:
»Dat Wedder eß för jung Lück schön,
uns määht et krank en Bein un Arm!«

23

Schiffstour

von Angela Krüll & Martin Cordemann

Ich bin gähn am Rhing, egal, wat für Wedder,
mänchmol mem Rad, doch zo Foos fing ich netter
et is wie ne kleine Urlaub zo maache
hat ich dä Kopp voller Sorge, dernoh kann ich laache
Doch su geiht et mir nur, wann ich am Rhing bin – nit drop
Kütt mer einer mit „Schiffstour", bin ich tierek fott.

Doch se nohme mich met op en Schiffstour dä Rhing rop
ich wollt et nit, doch ich moht mit
un jetzt sitz ich he op däm Schiff drop dä Rhing rop,
ovvschüns et nix Schlemmeres gitt.

Ich sagen jo immer, wer mich well ömbränge,
der muss nit vill dunn, nur op en Schiffstour metnemme.
Waröm do mir do nie kanns begähne?
Weil, wann ich op e Schiff gonn, fängk et promp an zo rähne.
Un nu sitz ich he, gequetsch zwesche Minsche
Un dun mich selvs un die Andre verwünsche.

Waröm maach ich Jeck nur die Schiffstour dä Rhing rop,
ich wollt et doch nit, doch ich moht mit
un jetz sitz ich he op däm Schiff drop dä Rhing rop,
un der Kahn is esu lahm, fiehrt nur Schritt.

Die Pänz sin am schreie, die Kegler besoffe,
Ich setz unger Deck un ich kann nur noch hoffe,
dat jetz nit och noch wer zo mir kütt,
un schwad un schwad, als stünd hä en der Bütt.
Un kaum han ich dä Satz grad zo Engk gedaach,
do hät mir dat Schicksal dä Minsch ald gebraaht.

Wat machen ich he op däm Schiff drop dä Rhing rop,
ich wollt et nit, doch ich Jeck gonn mit
un jetz sitz ich he op däm Schiff drop dä Rhing rop,
Schlimmer als dat geiht et nit.

Oh, holt mich he russ, sons werd ich bestuss,
Kapitän drieh dä Kahn öm noh Huss,
Ich soll dat he geneeße?
Dann leever erscheeße!
Bei däm ganze Stuss,
do schwemm ich doch leever noh Huss.

Santa määht Urlaub

von Angela Krüll
& Martin Cordemann

Dä Wecker klingelt op Hawaii
Dä Weihnachtsmann denkt sich:
　　Oh wei!
Jot jelävv un jot jejesse
Promp hät hä Weihnachte verjesse!

Dä Weihnachtsmann in großer Not:
Dä Schlitte steiht im Parkverbot!
Und an wat mooht hä noch denke?
Ah! Jo! An dä Sack mit dä Geschenke!

Dä Urlaub is im jot bekumme
Doch leider hät hä zojenomme
Im Kamin do steck hä fess ...
Wor et dat mim Weihnachtsfess?

Mühsam klimmp hä widder rus
Un will zur Düür rin in et Hus
Doch hä hät der Hungk nit sin
Dä bieß en in der Fott erin.

Jetz hätt hä nur noch eine Wunsch
Op dä Schreck ne Eierpunsch
Eesch ein, dann zwei, dann drei,
　　dann vier,
Dann kütt hä nit mieh vür de Düür

Bliev am Eierpunsch janz hänge
Verjiss die Pänz un die Geschenke
Schlief schnarchend op däm Sofa in
Dat hät mer noch nie jesinn

Doch üvver Dächer, Wäng un Muure
Kütt die Hülp mit lange Uhre
Die Geschenke, wat ne Spaß
Verdeilt dis Johr dä Osterhaas

25

daZWISCHENseite

De Kölsche Geschicht als Gedicht

Im Jahr 355
Stehn die Sterne gar nicht günstig
Denn, auch wenn das sehr empört
Hat man Köln damals zerstört

881 kamen
Die Normannen und sie nahmen
Die Stadt ein
Gar nicht fein
Kurzerhand
Setzten sie sie dann in Brand

26

Nicht verwechseln

Kölsch, das
Wird in Köln gesprochen –
für Außenstehende oft schwer verstehbar.

Kölsch, das
Wird in Köln getrunken –
für Außenstehende oft schwer verstehbar.

Eine kurze Geschichte des Doms ❸

Der Bau des Doms wurde 1248 begonnen.
Bislang wurde er nicht vollendet!

Der Dom

Man sieht ihn schon von Ferne
Und man sieht ihn gerne
Macht man den Dom vom Weiten aus
Weiß man, man ist bald zu Haus!

Goethliches

Als Goethe einst den Dom besuchte
Und er sich am Faust versuchte
Ist er auf den Hund gekommen
Da er des Pudels Bell'n vernommen.
Ein Kölner hört das sicher gern
Das also war des Goethes Kern!

Domgewissheit

Es gibt ja immer wieder Leute
Damals schon, aber auch heute
Die einfach keine Ahnung haben
Und glauben, da, im Dom begraben
Liegt, habt ihr denn kein Gehirn
Wohl das Kölner Dreigestirn

Also Jungfrau, Prinz und Bauer
Da würd' der Meißner sicher sauer
Denn ist der Karneval auch gut
Hat er doch damit nix am Hut
Und hätt' die drei
       schon rausgeschmissen
Das wär' sicher echt beschissen

Doch darf das Dreigestirn nicht rein
Wer liegt denn dann
       im gold'nen Schrein?
Ach Leute, das ist echt ein Graus
Findet es doch selbst heraus!

Ein Bauwerk für die Ewigkeit

27

Seine beiden Türme
Überstanden Stürme
Ein paar Kriege auch
Sogar den schlimmsten Brauch
Weder Kardinal noch Richter
Ja, nicht mal der schlimmste Dichter
Alle mit nem großen Knall
Brachten diesen Dom zu Fall
Er hält in Ewigkeit auf Erden
Ach, würd' er doch nur fertig werden!

daZWISCHENseite

De Kölsche Geschicht als Gedicht

10-74 hat man es dann satt
Köln wird eine Bischofsstadt …
　　　　Wer 11-64 hätte
Gedacht, Köln wird
　　　jetzt Wallfahrtstätte …
Nun wurde dem Autor klar
Dass es wohl ein Fehler war
Mit Jahreszahl'n zu reimen
Drum ließ er's fortan bleiben

1074
Köln wurde zur Bischofsstadt
Doch hatte man so manches satt
Aufstände gibt's auch noch heute
Damals waren es Kaufleute
Die für ihre Rechte kämpften
Was Streitkräfte aus Neuss
　　　　dann dämpften
Es gab ein hartes Strafgericht
Doch ganz so schlecht war
　　　　das wohl nicht
Ist doch bei dieser blut'gen Schlacht
Der Bürger Selbstgefühl erwacht

28

Nicht verwechseln

Alt
Ein Stadium der Reife, das man erreicht,
wenn man sein Leben lang in Köln lebt.

Alt
Eine Art Bier, das man niemals zu trinken be-
kommt, wenn man sein Leben lang in Köln lebt.

Dada – Der Weg ist das Ziel

4

Und da sind wir schon wieder beim Thema Dada. Gut, das durfte man beim Titel dieses Buchs wohl auch erwarten. Sicher erinnern Sie sich noch an die Kölner Dadaisten. Nein, nicht Karl Marx und Friedrich Engels! Das waren *Kommunisten*, nicht *Dadaisten*! Ich spreche natürlich von … na? Na?

Richtig, Max Ernst und Johannes Theodor Baargeld! Kennen Sie doch. Die haben … leider wohl nicht allzu viel auf Kölsch geschrieben. War wohl damals nicht so angesagt. Hatte ich ja schon erwähnt. Ausgrenzung in der Schule und so.

Interessant ist auch, zu wissen, dass den Dadaisten das Produkt selbst eher nebensächlich war. Gut, das könnte natürlich eine geschickte Art sein, beschissene Texte zu rechtfertigen … aber nehmen wir es mal als eine der Regeln in einer Kunstrichtung, die eigentlich alle Regeln ablehnt.

Ah, Sie sehen da möglicherweise einen Widerspruch? Oder zwei? Oder drei? Zum Preis von einem? Ja, da mögen Sie nicht ganz unrecht haben. Aber finden wir da gerade Inkonsequenz, wo keine ist? Die Abkehr von Regeln als Regel? Ja, nein, egal. Erlaubt ist, was dem Nachbarn nicht gefällt. Ist das der „Sinn im Unsinn"? Oder der „Unsinn im Sinn"? Gar möglicherweise der „Inn sum Uin"? Sagen wir so: Entscheiden Sie doch einfach für sich selbst. Werden Sie zu einem Geistreisenden, der immer wieder neue Erfahrungen macht. Wie heißt es doch so treffend:

Jeder Mensch hat ein Geschlecht
Doch zeigt man's her ist's auch nicht recht!

Okay, das passt jetzt nicht ganz so
gut, wie ich gehofft hatte. Na
ja, kann man nichts
machen.
Text ab!

29

Funkenmariechen

Schön, wie sie die Beine schwingen
Wie sie lächeln, und sie singen …
Funkenmariechen!

Wild wehen die blonden Haare
Ach sie sind so wunderbare …
Funkenmariechen!

Schön ist es stets, sie zu sehen
Sie um einen Tanz zu flehen …
Funkenmariechen!

Sie sind wahre Augenweiden
Wenn sie fern sind muss man leiden …
Funkenmariechen!

Sie sind herrlich schlank und zart
Und sie wirken so apart …
Funkenmariechen!

Sie sind so schön, man möcht sie necken
Sind so süß, man möcht sie schmecken
Doch möchte man auch daran riechen
Gibt's auf die Fress' vom …
Funkenmariechen!

Karneval in Kölle

Die Kneipen voll, die Männer breit
Das ist die fünfte Jahreszeit
Man muss sich in die Kneipen drängen
Das Kölsch fließt jetzt in rauen Mengen
Man bützt sich, dass es nur so kracht
Man trinkt und wird es laut gelacht
Man schunkelt, tanzt und singt auch mit
Man kennt ja auch noch jeden Hit
Die Stimmung steigt, die Laune auch
So ist's im Karneval der Brauch
Auf der Strasse trinkt man weiter
Und die Stimmung, die bleibt heiter
Nonne und auch Muselmann
Stoßen miteinander an
Funkenmarie und eine Zecke
Knutschen wild in einer Ecke
Und ein bunter Lappenclown
Pinkelt an nen Lattenzaun
Ne Abrechnung mit Lug und Trug
Zeigt der Rosenmontagszug
Und wenn am Schluss der Nubbel brennt
Dann ist der Karneval zu end!

30

Ist der Imi grantig?

Nicht jeder Mensch ist auserkoren
Nicht jeder wird in Köln geboren
Doch gibt es viele, die es lieben
Und die deshalb in Köln geblieben

Man hat die Leute nicht vertrieben
Hat sie nicht aus der Stadt getrieben
Hat sie ja fast schon anerkannt
Und „Imi" hat man sie genannt

Die Herkunft wird ja oft verkannt
Hier denkt man, sie war „Immigrant"
Da diese ja auch zugezogen
Doch wird beim „Imi" man betrogen

Der Kölner hat da nachgedacht
Geglaubt, er werde nachgemacht
So kommt das Wort, das kann passieren
Tatsächlich vom Wort „imitieren"

Anzeichen

Wenn man nen Indianer sieht
Der vor einem Drachen flieht
Cowboys und auch Astronauten
Die einander sehr vertrauten
Priester, die mit Bienen tanzen
Elfen mit einem Schulranzen
Ist's nicht Hollywood, na klar
Sondern Karneval ist da

Tierisches

Wenn die Hyänen
Gähnen

Oder die Giraffen
Paffen

Wenn die Katzen
Patzen

Die Bienen
Dienen

Und die Hasen
Rasen

Ja, wenn dann die Ochsen
Boxen

Und sich auch die Mücken
Bücken

Und die Ratten
Dann Bericht erstatten

Ja, wenn selbst die Affen
Gaffen

Und sogar die Fliegen
Siegen

Dann … erfüllen Bäume
Träume

31

tIPP fÜR vEGETARIER

Kannst du wohl kein Hähnchen essen
Iss doch nen Halven Hahn stattdessen
Denn isst man einen Halven Hahn
Dann ist das gar nicht tragisch
Wenn man das Fleisch nicht essen kann
Denn der ist vegetarisch!

fARBLOS

Ich baue mir ein Haus im Grünen
und ich bau´ es schwarz
dann mach´ ich eine Fahrt ins Blaue
und streich's mit Violet.
Durch Sonne ist es bald vergilbt
drum esse ich Orangen.
Meine Wangen leuchten wie Rosé
hinein ins Abendrot.
Dann verkauf ich es und hebe
meine Brau´n
ich bin so dumm, ich weiß!

kAvAUbE

Für sie gibt es nur wenig Liebe
Die Kölner Verkehrsbetriebe
Denn ganz egal wo man auch steht
Ihre Bahn kommt meist zu spät

lEIDEN sCHAFFT ...

Sprüche tun immer weh
Sind sie über den FC
Doch wird der Spaß schnell
zum Verdruss
Wenn beim Verlier'n man
leiden muss

zAHLEN, bITTE

Der Elf,
Der hat drei Zeh'n.
Also gib lieber Acht
Damit du beim Sieben etwas findest.

Sag nicht nein
Du musst nicht zweifeln

Lad dir einfach jemand ein
Dann hast du auch in deinem Viertel
Sex!

+++ **DIE KÖLNER NUBBEL NACHRICHTEN – EILMELDUNG** +++
Wir unterbrechen das Buch für eine wichtige Eilmeldung vom Sport:
Die Kölner Haie treten diese Woche gegen den Kölner FC an. Wir sind
sehr gespannt, wie das von statten gehen wird … Oh, Moment. Tschul-
digung. Das ist Quatsch! Der erste FC soll diese Woche den Haien zum
Fraß vorgeworfen werden, wenn er nicht endlich besser spielt! Ja, das
ergibt mehr Sinn. Zurück zum Buch.
+++ **DIE KÖLNER NUBBEL NACHRICHTEN – EILMELDUNG** +++

Reimlichkeiten

Ich müsste noch bei Helen **schellen**
Ob sie einen hellen **schnellen**
Hund hat, der mit Schellen **bellen**
Kann, um auf den grellen **Wellen**
Ellens Bogen zu be**stellen**
Und ihn dann nicht abzu**holen**
Dann sollt man ihm unver**hohlen**
Seinen dummen Arsch ver**sohlen**
So, als hätt' er was ge**stohlen**
Wie etwa den hohlen **Bohlen**
Oder auch ein doofes **Fohlen**
Das er auf ganz leisen **Sohlen**
Fort schafft – wie auf heißen **Kohlen**
Die kann er aus dem Feuer **holen**
Von den Kais und von den **Molen**
Oder er stürzt sich ins **Meer**
Was sicher nicht sehr sicher **wär**
Und ohne Ehr, nicht mehr,
nicht **Meer**
Wer wär nicht gern beim **Militär**?
Oder auch ein **Politiker**?
Komm her, zum Heer,
mein lieber **Herr**

Herr Heer hört Herren nimmer**mehr**
Und klüngeln tut er immer **mehr**
Ist das in Köln doch mehr als **fair**
Denn das ist alles so ver**zwickt**
Wie ruhig im Takt die Bombe **tickt**
Ganz tief verstrickt,
schon fast er**stickt**
Das junge Paar, oh ja, es **nickt**
Erst langsam, dann ein,
dann er**schrickt**
Es, weil entzückt die Zeit ver**tickt**
Als hätt' sie ganzentags ge**strickt**
Es klickt … und klackt
und klockt und **kluckt**
Sie haben alle zuge**guckt**,
Bei dem Konstrukt, doch aufge**muckt**
Hat keiner, noch einmal gezuckt
und tief ge**duckt**
Vorm Chef, brav in
die Händ' ge**spuckt**
Ein teures, unnötig'es Pro**dukt**
Gekauft und nicht mehr ange**guckt**
Oh Mann, das ist doch echt ver**ruckt**!

33

Die Abenteuer eines Halven Hahn

Es war mal eine Käsescheibe
Die entfloh der Käsereibe
Traf dann Röggelchen und Senf
Alle haben hart gekämpft
Kamen in nen Keller
Dann auf einen Teller
Fast wären sie abgedampft
Doch sie wurden aufgemampft

Jeden Tag teilen in Köln **hunderte Halve Hähne** dieses grausame Schicksal. Sie werden, meist als **Beilage zu Kölsch**, auf kalte Teller geworfen und dann **verspeist**. Helfen Sie jetzt! Unterstützen Sie die Initiative „**Flönz** zum Kölner Nationalgericht" und sorgen Sie dafür, dass dadurch **in Zukunft** vielen Halven Hähnen dieser Leidensweg erspart bleibt. **Guten Appetit**!

34

H.H.

Halver Hahn
Fuhr mal Bahn
Kam nicht an
Denn ein Mann
Mit nem Bauch
Aß ihn auch

KVB scheuert

Sagt der Tünnes zum Schäl: „Du, hier steht über die KVB, Pünktlichkeit wäre ihr zweiter Vorname."

„Ja", meint der Schäl, „leider ist ihr erster ‚Un'!"

Daher leitet sich der bekannte Kinderreim ab:
Wer kommt zu spät bei Nacht und Wind
Es ist die KVB, mein Kind!

Urgestein

Er war das Kölsche Urgestein
Niemand anders konnt' so sein

Er hatte Charme
Und einen Bart

Er war nicht arm
Er war sehr smart

Man wusste bei ihm gleich
Ob Doktor oder Scheich

Er ist ne Kölsche Jung
Das war er, alt und jung

Heut gibt es von dir nur
Eine bronzene Figur

Ein Ort, auf dich zu warten
Dein letztes Heim, Melaten

Wir vergessen disch wohl nisch
Lieber Willi Millowitsch

Abgesang

Goldfischgrün erklingt
das Fließen
der Kanarienbäume
im Mai
den Herbst
in seinem festlichen Torso
ankündigend.
Dachsfarben schlendert
ein Zweihahn
durch das das sich
verdunkelnde
Morgenrot
des Goldfischteigs.
Gute Nacht!

Ein böses Gerücht sagt, es gäbe mehr Hymnen über Köln als Kölner selbst. Andererseits ... kann da durchaus was Wahres dran sein, denn der Kölner liebt seine Stadt und er liebt es, darüber zu singen, wie sehr er seine Stadt liebt. Es gibt sogar einen Kölschen Text zu Frank Sinatras Hit „New York, New York". Und wenn sein Freund Dean Martin über die Stadt am Rhein gesungen hätte, dann hätte das möglicherweise so oder so ähnlich geklungen. Also an dieser Stelle eine weitere „Ode Cologne" ...

Ode Cologne

Jeder Mensch kommt irgendwann nach Kölle
Jeder Mensch kommt irgendwann hierher
Diese schöne Stadt hat man niemals satt
Und man will mehr

Dom und Kölsch und Rhing, ja das ist Kölle
Karneval gehört hier auch dazu
Imis hat man gern, von nah oder fern
Denn Kölle bist du

Fühlst du dich mal ganz verlassen
Dann ist die Stadt doch jederzeit noch für dich da
Man wird dich nie allein lassen
Deshalb ist sie auch so richtig wunderbar

Jeder Mensch kommt irgendwann nach Kölle
In der Kneipe hört man dir gern zu
Stoß noch einmal an, und hab Spaß daran
Denn Kölle bist du

Fühlst du dich mal ganz verlassen
Dann ist die Stadt doch jederzeit noch für dich da
Man wird dich nie allein lassen
Deshalb ist sie auch so richtig wunderbar

Jeder Mensch kommt irgendwann nach Kölle
Auf Melaten findet man zur Ruh
In der Stadt am Rhein wirst du immer sein
Denn Kölle bist du

36

Ja, Sie werden natürlich gemerkt haben, dass da eine Zeile zwar einen schönen Binnenreim hat, aber dadurch etwas zu lang ist … deshalb haben wir, damit Sie auch aus allen Rohren mitsingen können, in jeder Strophe die dritte Zeile leicht geändert. Also, Playback einlegen, tief Lust holen und … singen!

Ode Cologne

zur Melodie von „Everybody loves somebody"

Jeder Mensch kommt irgendwann nach Kölle
Jeder Mensch kommt irgendwann hierher
Diese schöne Stadt ist super
Und man will immer mehr

Dom und Kölsch und Rhing, ja das ist Kölle
Karneval gehört hier auch dazu
Imis hat man gern im Veedel
Denn Kölle bist du

Fühlst du dich mal ganz verlassen
Dann ist die Stadt doch jederzeit noch für dich da
Man wird dich nie allein lassen
Deshalb ist sie auch so richtig wunderbar

Jeder Mensch kommt irgendwann nach Kölle
In der Kneipe hört man dir gern zu
Stoß noch einmal an mit Fründen
Denn Kölle bist du

Fühlst du dich mal ganz verlassen
Dann ist die Stadt doch jederzeit noch für dich da
Man wird dich nie allein lassen
Deshalb ist sie auch so richtig wunderbar

Jeder Mensch kommt irgendwann nach Kölle
Auf Melaten findet man zur Ruh
In der Stadt am Rhein da bleibst du
Denn Kölle bist du

37

daZWISCHENseite

De Kölsche Geschicht als Gedicht

1112
Ein Kind ist da
In diesem Jahr
Es macht die Kölner Bürger frei
Die Unterdrückung ist vorbei
Ein jeder sollt es kennen
„Verfassung" sollt man's nennen

1164
Wer in ganz Kölle hätte
Gedacht, man wird
zur Wallfahrtstätte?
Doch die drei Könige, sie kamen
Hier nach Köln zum Dom und Amen.
Nicht aus Holz und nicht aus Stein,
Aus Gold schuf man für sie
nen Schrein.
Im Dom sind sie noch immer da,
Kaspar, Melchior, Balthasar

38

Nicht verwechseln

Dom, Kölner
Ist strikt gegen Verhütung.

Dom, Kon
Ist strikt zur Verhütung.

5

39

Das D-Wort

Gemeint ist natürlich nicht der „Dom", denn das ist ja ein gutes Wort. Gemeint ist das „böse" Wort, das man in Köln nicht ungestraft aussprechen darf, es sei denn, man macht sich darüber lustig. Wir sprechen natürlich von „Düsseldorf", Landeshauptstadt, Herkunft des Altbiers und komplett domlos. Kaum eine andere Stadt hat es dem Kölner so angetan, wie Dü… wie diese. Außer seine eigene natürlich, aber auf andere Weise. Für den Kölner ist es ein bisschen wie die „dunkle Seite", das „böse", das Schwarz zu seinem Weiß, das Blofeld zu seinem Bond, das Khan zu seinem Kirk, oder, wenn man's bedenkt, das Ying zu seinem Yang. Dabei sind die Unterschiede zu Köln unübersehbar. Hier nur ein paar Beispiele, dass sich Düsseldorf mit Köln in keiner Weise messen kann:

	Köln	*Düsseldorf*
Bier	Kölsch	Alt
Karnevalsgruß	Alaaf	Helau
Dom	ja	nein

Wenn Sie sich diese Informationen merken können und niemals das eine in der anderen Stadt sagen, dann kann eigentlich gar nichts schief gehen.

Texte über
Düsseldorf

OVix utilitas agricolae suffragarit apparatus bellis. Oratori libere senesceret saetosus ossifragi. Saburre praemuniet pessimus perspicax rures. Quadrupei senesceret Augustus. Catelli corrumperet agricolae, quamquam vix gulosus suis iocari verecundus oratori, et matrimonii fermentet Aquae Sulis, etiam perspicax syrtes corrumperet umbraculi. Aegre pretosius saburre lucide adquireret satis lascivius catelli. Verecundus agricolae suffragarit matrimonii. Catelli pessimus divinus amputat syrtes, quod agricolae praemuniet aegre lascivius fiducia. Parsimonia apparatus bellis incredibiliter comiter corrumperet perspicax agricolae, iam ossifragi conubium santet agricolae. Aegre lascivius matrimonii insectat Medusa, quod syrtes suffragarit gulosus rures, iam syrtes verecunde conubium santet chirographi. Suis celeriter circumgrediet quadrupei. Lascivius saburre amputat utilitas suis. Satis tremulus saburre insectat rures. Agricolae senesceret vix parsimonia fiducia. Incredibiliter syrtes deciperet verecundus oratori. Lascivius matrimonii amputat tremulus rures. Saetosus agricolae frugaliter agnascor quinquennalis syrtes, et umbraculi fermentet chirographi, iam adlaudabilis rures insectat fiducia. Octavius verecunde fermentet vix gulosus zothecas, utcunque agricolae fortiter imputat bellus umbraculi, quod adlaudabilis syrtes divinus amputat pretosius concubine. Syrtes adquireret umbraculi, semper verecundus ossifragi corrumperet aegre bellus agricolae. Saburre circumgrediet chirographi, iam suis infeliciter amputat Caesar. Oratori suffragarit umbraculi, semper Augustus praemuniet Oostavius, quod cathedras adquireret umbraculi. Adlaudabilis zothecas vix verecunde corrumperet Pompeii. Aegre bellus umbraculi conubium santet satis adlaudabilis fiducia, semper cathedras suffragarit Aquae Sulis, quamquam quadrupei miscere chirographi, ut matrimonii neglegenter adquireret pretosius ossifragi, quamquam lascivius agricolae fermentet rures. Fiducias lucide conubium santet oratori. Adlaudabilis cathedras senesceret incredibiliter bellus ossifragi, ut gulosus oratori corrumperet zothecas. Octavius vix infeliciter circumgrediet chirographi, et perspicax suis neglegenter senesceret Medusa. Pessimus quinquennalis matrimonii miscere apparatus bellis, utcunque rures conubium santet Caesar, quod verecundus syrtes corrumperet oratori, etiam aegre perspicax matrimonii conubium santet suis. Verecundus oratori circumgrediet tremulus rures, quamquam suis iocari Pompeii. Vix verecundus saburre fermentet catelli. Umbraculi suffragarit quadrupei, etiam aegre saburre vix libere insectat agricolae, quod adlaudabilis rures verecunde iocari umbraculi. Oratori aegre neglegenter miscere quinquennalis chirographi. Apparatus bellis verecunde agnascor perspicax suis, quod zothecas miscere Caesar, et tremulus chirographi senesceret fermentet matrimonii. Medusa miscere concubine, etiam suis spinosus suffragarit fiducia. Matrimonii fortiter corrumperet gulosus ossifragi. Tremulus apparatus bellis miscere vix utilitas syrtes, semper verecundus concubine amputat optimus lascivius saburre, et suis agnascor Caesar. Aegre adlaudabilis cathedras deciperet apparatus bellis, iam syrtes senesceret satis parsimonia zothecas, quamquam pessimus lascivius catelli optimus frugaliter praemuniet matrimonii. Agricolae fermentet vix verecundus ossifragi, semper vereacundus concubine amputat optimus lascivius saburre, et suis agnascor Caesar. Umbraculi senesceret verecundus apparatus bellis. Catelli deciperet concubine. Aquae Sulis infeliciter amputat fiducias. Quadrupei senesceret matrimonii praemuniet syrtes. Suis plane libere circumgrediet gulosus cathedras. Fiducias aegre fortiter praemuniet syrtes. Medusa comiter vocificat cathedras, et Octavius corrumperet pretosius agricolae. Augustus miscere quinquennalis fiducias. Verecundus suis divinus senesceret fiducia. Syrtes neglegenter corrumperet catelli, etiam Caesar vocificat Augustus, et adlaudabilis cathedras imputat apparatus bellis, utcunque lascivius concubine praemuniet gulosus oratori, semper tremulus ossifragi celeriter vocificat catelli, et Aquae Sulis aegre verecunde senesceret verecundus quadrupei, quamquam um bracu**l**i incredibiliter fortiter deciperet plane quinquennalis syrtes, semper Augustus frugaliter senesceret oratori. Saetosus fiducias imputat agricolae. Concubine neglegenter corrumperet ossifragi, ut Aquae Sulis aegre verecunde senesceret verecundus quadrupei, quamquam um braculi incredibiliter fortiter deciperet plane quinquennalis syrtes, semper Augustus frugaliter senesceret oratori. Saetosus fiducias imputat agricolae. Concubine neglegenter corrumperet ossifragi, ut Aquae Sulis, semper cathedras fermentet quinquennalis fiducias, et Medusa fortiter agnascor tremulus agricolae. Chirographi conubium santet concubine, quamquam gulosus suis aegre spinosus vocificat oratori. Cathedras fermentet rures. Vix saetosus chirographi amputat Octavius, etiam tremulus concubine senesceret suis. Chirographi vocificat plane adfabilis saburre. Quadrupei incredibiliter neglegenter deciperet Pompeii, semper concubine suffragarit Medusa. Cathedras verecunde imputat oratori. Vix fragilis agricolae celeriter agnascor rures, et adlaudabilis saburre circumgrediet Augustus, utcunque zothecas verecunde agnascor matrimonii, ut concubine praemuniet satis gulosus ossifragi. Saetosus zothecas miscere adlaudabilis matrimonii. Suis comiter iocari catelli, quod quinquennalis matrimonii circumgrediet adlaudabilis oratori. Suis celeriter imputat syrtes. Pretosius zothecas suffragarit Aquae Sulis, quamquam umbraculi vocificat perspicax syrtes, quod umbraculi senesceret utilitas syrtes, quamquam vix fragilis matrimonii divinus praemuniet Pompeii, etiam incredibiliter gulosus oratori fermentet catelli. Augustus praemuniet cathedras. Adfabilis fiducias circumgrediet Octavius, iam bellus quadrupei suffragarit pessimus parsimonia concubine, ut vix utilitas apparatus bellis deciperet umbraculi. Tremulus cathedras frugaliter circumgrediet pretosius concubine. Verecundus cathedras iocari ossifragi, semper perspicax cathedras verecunde vocificat Aquae Sulis, utcunque aegre fragilis fiducias incredibiliter celeriter imputat cathedras, iam tremulus ossifragi divinus circumgrediet fragilis matrimonii. Catelli frugaliter amputat Augustus. Quadrupei imputat Medusa. Plane lascivius umbraculi vocificat vix saetosus matrimonii, iam quadrupei lucide suffragarit concubine, quamquam quadrupei fortiter miscere gulosus apparatus bellis. Utilitas quadrupei satis celeriter fermentet cathedras, iam tremulus ossifragi divinus circumgrediet fragilis matrimonii. Catelli frugaliter fermentet saburre. Bellus quadrupei corrumperet oratori. Ossifragi agnascor vix fragilis matrimonii, ut suis praemuniet chirographi. Utilitas ossifragi miscere pessimus parsimonia fiducias, semper chirographi praemuniet adlaudabilis concubine, ut utilitas saburre conubium santet satis bellus agricolae, semper pessimus saetosus fiducias aegre libere vocificat satis verecundus umbraculi. Fragilis syrtes agnascor saburre. Matrimonii vocificat umbraculi. Perspicax chirographi infeliciter insectat pessimus utilitas catelli, utcunque Augustus suffragarit lascivius chirographi, et apparatus bellis insectat concubine. Cathedras senesceret aegre tremulus agricolae. Parsimonia apparatus bellis praemuniet vera ecundus suis, quod ossifragi amputat matrimonia. Syrt esi o

gibt es nicht!

De Kölsche Geschicht als Gedicht

Um zwölfhundert	1248
Ganz verwundert	Im Jahre 1-2-4 und 8
Kam Philipp von Schwaben	Hat man sich dann wohl gedacht
Und wollte Köln wohl haben	„Unser Dom soll schöner werden
Man unterwirft sich ihm, doch dann	Wir bauen Gott auf dieser Erden
Bringt Otto um den armen Mann	Ein Bauwerk, das seiner gebührt …
So muss Köln sich bekennen	Kann sein, dass es nie fertig wird!"
Den Pfalzgraf anerkennen	

Nicht verwechseln

Rhing, der
Kölsches Wort für den Rhein, einen Fluss, der durch Köln fließt.

Ring, Kölner
Aneinanderreihung von Straßen, die sich in halbrunder Form
um den Stadtkern gruppieren (äußere „Ringe" sind
die Universitäts-/Innere Kanal Straße und der Militärring).

Ring, Rock am
Rockveranstaltung, die fälschlicherweise weder am Rhing, der,
noch am Ring, Kölner, sondern am Ring, Nürburg stattfindet.

Reimen op Kölsch

Die Kölsche Sprache ist so warm, so weich, so entwaffnend und entschärfend, dass man in ihr die schlimmsten Dinge sagen könnte, und die Leute würden sich darüber freuen. Wäre doch mal was für Politiker, oder? Da würden Krisen doch gleich viel weniger bedrohlich wirken.

Oder … Wollen Sie auch mal? Vielleicht sogar ein paar eigene Dada-Texte schreiben? Gut, wir stellen Ihnen jetzt ein paar kölsche Wörter zur Verfügung – und dann können Sie auch schon loslegen.

Fangen wir klein an:

> ### Der Jupp
> ### Eß jot drupp

Ich denke, der Inhalt dieses Textes erschließt sich von selbst. Gut drauf sein gehört ja auch irgendwie zur Kölschen Lebensart. Und warum ist man gut drauf? Weil es immer was zu feiern gibt. Deshalb ist ein weiteres, wichtiges Kölsches Reimwort natürlich fiere.

> ### Nit fiere
> ### Lamentiere!

Nee, Quatsch, anders rum:

> ### Nit lamentiere
> ### Fiere!

Genau, das ist die Kölsche Lebensweise. Man darf aber nicht zu weit gehen …

> ### Wenn ich laut fier
> ### Dann kummt die Schmier!

Bei dem letzten Wort könnte es sich natürlich auch nur um Kölschen Slang handeln, aber wer weiß das schon so genau?

42

Wenn man Kölsches Zusammengehörigkeitsgefühl vermitteln möchte, dann gibt es kaum ein Wort, das so sehr dafür steht wie dieses: Veedel! Denn da lebt man, da kennt man jeden, da geht man einen trinken. Und man tut es mit Hätz.

> Bilde einen Satz mit Veedel
> Und vermeide dabei „edel"
> Jeder hat ein großes Hätz
> Denn in Köln ist das Gesetz!

Damit haben Sie schon einen Großteil abgedeckt. Sie werden aber möglicherweise feststellen, dass es Kölsche Begriffe gibt, die man auf den ersten Blick mit Köln verbindet – auf die sich auf den zweiten Blick aber nicht so irrsinnig viel reimt. Das Wort Kölsch zum Beispiel. Oder Flönz. Die Heiligen drei Könige. Fastelovend. Funkenmarieche. Eigelstein … Okay, das ist wohl eher was für Fortgeschrittene. Aber Sie sehen das Problem.

Dann gibt es natürlich, in Köln unverzichtbar, den Rhein. Darauf kann man viele Reime machen – auf die kölsche Variante Rhing dagegen eher weniger. Auch Dom, Blootwoosch und Köbes fallen in diese Kategorie.

Eines der bekanntesten Kölschen Wörter dürfte, neben Klüngel, wohl Jeck sein. Es lässt sich vielseitig verwenden und ist fast universal einsetzbar:

> Der Jeck
> Ganz jeck
> Hin und jeck
> Sogar als Frage: Biste jeck?

Seine Bedeutung variiert und ist doch irgendwie die gleiche. Wie schrieb doch der große Willi Ostermann in „Dröm loß mer noch ens schunkele" so schön:

> „Wat hät dat schließlich för 'ne Zweck […]
> Do stellt man sich am beste jeck"

Auf schunkele scheint sich dagegen leider auch nur schunkele zu reimen, vielleicht noch munkele, man könnte es also fast als selbstreflexives Reimwort bezeichnen. Kölsch dagegen wäre ein Primreimwort, da es sich nur auf eins und sich selbst reimen lässt. Und nein, Willi Ostermann ist nicht der, der die Schokoladeneier versteckt!

Aber machen wir weiter. Immer gern genommen ist:

> **All die Lück**
> **Kill ich hück**

Beides schöne Wörter, bei denen man sich gleich richtig kölsch fühlt. Und merken Sie, wie die Ankündigung eines Massenmordes durch die Kölsche Sprache einfach viel weicher und schöner daherkommt, fast schon unbedrohlich? Herrlich, nicht wahr? Aber zurück zum Thema. Strüssje und Bützje eignen sich wieder weniger, aber

> **D'r Zoch kütt**
> **Geh in die Bütt**

44

funktioniert wieder gut und vermittelt einem sofort Karnevalsatmosphäre.

> **Wie man auch steiht**
> **Und geiht**
> **Mit dickem Kopp**
> **Wirs de beklopp**

Es gäbe noch eine ganze Menge schöne Wörter ... aber dafür sind wir nicht hier, da können Sie auch in ein Kölsches Wörterbuch schauen. Dennoch, machen wir uns nichts vor, es gibt Texte, die sind so Kölsch, dass selbst manche Kölner sie nicht verstehen.

Eins sei an dieser Stelle auch ein für alle Mal klargestellt: „Superjeile Zick" heißt nicht „absolut erotische Zicke", sondern „ganz tolle Zeit". Ich hoffe, ich versaue Ihnen damit jetzt nicht irgendein Lied.

Nun wollen wir uns noch damit befassen, was passieren kann, wenn's mit dem Reimen komplett schief geht. Es gibt zum Beispiel Wörter, die sehen zwar gleich aus, klingen aber anders. Das kann zu unerwarteten Ergebnissen führen*. Hier ein paar der handelsüblichen Fallen:

Ungereimtheiten

Sein Name war Peter und er war sehr groß
Er lebte in einem verwitterten Schloß.
Man vernahm dort nur sehr selten ein Lachen
Doch trat man vorm Tor oft in Wasserlachen.
Das Schloß lag ganz nah einer steinigen Schlucht
Dort hatte schon mancher den Freitod gesucht.

Doch er ließ dies Schicksal nicht an sich heran
Und tüftelte an einem eigenen Plan:
Er verbrachte eine Menge Montage
In fernen Städten, und zwar auf Montage.
Das war für ihn meist ein sehr langer Weg
Von zu Hause war er dann oft lange weg.
Doch er hielt es für eine sehr gute Tat
Ein Werk, das er wirklich nie bereut hat.

Und eines Tages glaubte er schon
Er wäre am Ziel, so lief er davon.
Er schnappte sich seinen Wanderstab
Und lief so lange er konnte bergab.
Er sandte dem Leser liebend gern einen Gruß
Doch tötete ihn wenig später ein Schuß!

45

* Dies gilt besonders, wenn man noch die alte Rechtschreibung verwendet.

Knab daneben

Dann gibt es Wörter, die sehen sich nicht wirklich ähnlich, aber manch ein Autor denkt sich: „Ach, die klingen fast gleich, die kann ich auch benutzen." Hier eine kleine Auswahl:

Der Junge schreit: „Nein, ich bin HIER!"
Der alte Mann öffnet die TÜR
Will sich über den Anblick FREUN
Der Junge ruft verzweifelt: „NEIN!
Du darfst nicht GEHN!"
Es ist zu SCHÖN
Es ist so STILL
Der Alte denkt: Was für ein MÜLL
Ich könnt so schön im Bette LIEGEN
Was muss ich dieses Kind so LIEBEN
Könnte vor mich hin jetzt DÖSEN
Könnte auch ein Buch mal LESEN
Könnte auch das Holz mal SÄGEN
Plötzlich beginnt es zu REGNEN
Er sieht den Jungen, sieht sein BILD
Sieht wie das Bild vom Sims dann FÄLLT
Mit einem Klirr'n zersplittert GLAS
Im alten Mann erwächst der HASS
Was ist das für ein schlimmer TAG
Er packt die Scherben in den SACK
Da ist er schon ein alter KENNER
Doch plötzlich wird es wieder SCHLIMMER
Kann das alles wirklich SEIN?
Hier fehlt etwas … und zwar der REIM!

Und regelmäßig werben

Zu guter Letzt besteht manchmal die Gefahr, dass
man der deutschen Sprache nicht so mächtig
ist, wie man sich das gerne wünschen würde.
Auch das kann zu Ergebnissen führen, die
sprachlich … na ja, interessant sind:

Die Sonne scheinte. Wenn ein Text so
anfängt, dann kann man mit vielem
rechnen. Möglicherweise mit schö- Vielleicht blaste der Wind gewaltig?
nem Wetter, eventuell mit einer Die Luft war stark wasserhaltig
Liebesgeschichte, vielleicht sogar So sehr, dass das Schiff sich drehte
mit einem Sonnenbrand – auf Bevor es dann untergehte.
jedem Fall aber mit einem
schlechten Text! Denn wenn Aber niemand, nichtmal Elfen
die Sonne scheinte, dann Kommte helfen.
konnten schlimme Dinge Und während das Schiff langsam kippte
passieren. Es einen Grund zur Hoffnung gibte.

Das Schiff war in Seenot
Doch im Rettungsboot
Während sich die Maschine erhitzte
Ein kleines Kinde dort sitzte.

Würde es gerettet werden
Bevor das Schiff versinkte?
Nein, es fallte ins Wasser der Erden …
Ob es wohl ertrinkte?

Weil die Flut jedoch nicht verzagte
Und Wellen stark gegen den Rumpf schlagte
Und der Wind auch noch so stark wehte
Das ja wohl zu befürchten … stehte!

47

daZWISCHENseite

De Kölsche Geschicht als Gedicht

1288

Bei Worringen gab es ne Schlacht
Die hat für Köln etwas gebracht
Der Bischöf' Herrschaft ist vorbei
Köln wird Reichsstadt – und auch frei

1371

Die Weber sind die stärkste Zunft
Doch leitet sie nicht nur Vernunft
Es geht „Die Weberschlacht" nun los
Und Weber werden schonungslos
Es ist kaum zu ertragen
Auf offner Straß' erschlagen

48

Nicht verwechseln

Dreifaltigkeit, die
Spirituelle Verbindung von dem Vater,
dem Sohn und dem Heiligen Geist.

Dreigestirn, das
Spirituelle Verbindung von dem Prinzen,
dem Bauern und der Jungfrau.

Gedichte zum Selbermachen

7

So, vor einigen Seiten haben wir ein paar Kölsche Wörter kennen gelernt. Also sie haben sie kennen gelernt, nicht ich. Wenn Sie möchten, können Sie gerne noch einmal zurück blättern und nachschauen, ob die Wörter noch da sind. Leider macht uns das alles weder zum Dichter noch zum Dadaisten. Und doch haben Sie in diesem Kapitel die Möglichkeit, beides zu werden. Denn die Dadaisten entdeckten für sich eine besondere Form der Schöpfung: Der Zufall als schöpferisches Prinzip. Hans Arp zum Beispiel nannte Gedichte, die auf eine bestimmte Zufallsart entstanden, „Arpaden." ... aber das wissen Sie ja. Nun haben Sie die Möglichkeit, selbst aktiv zu werden und den Verlauf einiger Texte selbst zu bestimmen. Kann man denn noch dadaistischer werden als das? Ach, bestimmt. Machen wir aber nicht! Also, Sie sind dran!

49

Fründe der Sünde

Bei diesem Text können Sie selbst entscheiden, in welche Richtung er gehen soll. Setzen Sie einfach das der möglichen Wörter ein, das Sie für angemessen halten.

Manchmal fühlt man sich allein
Das wollte ich nie wieder sein
Ich hatte wirklich gute Gründe
Und deshalb liebe ich die _____ *

Ohne sie möcht ich nicht leben
Es gibt so viel zu erleben
Und wenn du sie manchmal verfluchst
Du findest sie, wenn du sie _____ **

Gemeinsam wird das Leben bunter
Gemeinsam werden wir ganz munter
Ja, das ist der ganze Trick
Jenieß ne superjeile _____ ***

*   Fründe / Sünde
**   suchst / buchst
***   Zick / Fick

Der Traum vom Baum

Das war ja Schweinkram! Unter Umständen. War ja Ihre Entscheidung. Ich hoffe, Sie sind über 18. Ach egal, weiter geht's …

*   Baum / Traum
**   rennen / pennen
***   Gesicht / Gedicht
****   schnauf / lauf / sauf
***** sehen / gehen / stehen
****** Wände / Hände

Ich saß einmal auf einem _____ *
Der war ganz grün, man glaubt es kaum.
Er war fast gar nicht zu erkennen
Dazu musste man wirklich _____ **

Man hatte eine tolle Sicht
Auf Rhein und Dom und ein _____ ***
Es tauchte plötzlich vor mir auf
Drum dacht ich, dass ich besser _____ ****

Dann fing es an, ganz stark zu wehen
Da konnte ich nun kaum noch _____ *****
Vor mir waren zwei große _____ ******
So kam der Text abrupt zum Ende.

50

Rheinen Tisch machen

Ach, machen Sie doch, wie Sie wollen!

Ich saß auf einem Fels am _____   Rhein / Wald / Meer
Da fühlte ich mich ziemlich _____   fein / alt / leer
Denn dieser Fels war ganz schön _____   klein / kalt / schwer
Erfreute mich mit seinem _____   Schein / Halt / Flair

Auf diesem Fels blieb ich wohl _____   immer / grün / hocken
Doch wurd mein Knecht auf einmal _____   schlimmer / kühn / trocken
Er war gesegnet nicht mit _____   Schimmer / Sühn / Socken
Was wünscht' ich mir, ich wär' im _____   Zimmer / Blüh'n / Brocken

Ausgegangen ist das _____   gut / schlecht
In mir steckt eine Menge _____   Wut / Recht
So ist's eben, wenn man viel _____   tut / zecht
Drum setze ich stets auf den _____   Hut / Knecht

Mord am Dom

Der Dom lag sanft im Abendrot
Davor lag eine Leiche, tot.
Man hatte sie brutal _____   erschossen / erstochen
Der Kommissar sah sie sich an.
Er hatte das direkt _____   erschlossen / gerochen
Er war eben ein kluger Mann.

Das Opfer wirkte leicht _____   verdrossen / gebrochen
Das Sterben fiel ihm wohl nicht leicht.
Der Kommissar sah einen _____   Zossen / Rochen
Am Rhein, der war heut ziemlich seicht.

Drei Männer sah man zu der Zeit
Als die böse Tat geschah.
Jeder war dafür _____ ,   bereit / gescheit / gefeit
Jeder stand dem Opfer nah.

51

Der erste war der Dom-Prälat,
Der kannte ihn vom Beten.
Der zweite davon war Soldat,
Der hat ihn mal _____   getreten / vertreten

Der dritte war dann ein Pirat,
Der fuhr viel auf dem Rhein.
Gemeinsam spielten sie oft _____   Dart / Skat
Sie könnten's alle sein!

„Ich habe ihn nicht umgebracht,
Ich weiß nicht, wo ihr wart.
Ich hab hier Zeit nur rumgebracht."
Das sagte der _____   Soldat / Pirat / Prälat

„Zum Tatzeitpunkt war ich am Trinken."
Sagte der _____   Soldat / Pirat / Prälat
„Riecht nur, wie meine Sachen stinken.
Das ist wirklich hart."

„Ich glaub, dass ihr es beide wart,
Ihr habt ihn doch getötet!"
Das schrie ganz sauer der _____   Soldat / Pirat / Prälat
„Für mich hat er geflötet!"

Der Kommissar, er dachte nach
Und rieb sich an der Stirn.
Die Lösung kam ihm nach und nach
Sie war in seinem _____   Hirn / Zwirn

„Ich habe, glaub ich, nie gesagt,
Wann die Tat geschah.
Von Ihnen hat niemand _____   gefragt / geklagt
Drum ist der Mörder klar."

Üblich ist bei solchen Taten
Dass sie sich oft selbst verraten.
Verantwortlich für diese Tat
War dann also der _____   Soldat / Pirat / Prälat

52

Leerstellen

Diesmal dürfen Sie noch mehr machen
und können dabei eine Geschichte erzählen.

I.

_____ Haus

_____ Maus

_____ Halle

_____ Falle

_____ gebebt

_____ überlebt!

II.

_____ Hecke

_____ Schnecke

_____ hell

_____ schnell

_____ Gruß

_____ Fuß

_____ empört

_____ zerstört!

III.

_____ Dach

_____ Krach

_____ schneller

_____ Propeller

_____ Haus

_____ raus

_____ Blut

_____ gut!

IV.

_____ Edith
_____ Kredit
_____ bange
_____ Schlange
_____ Schalter
_____ Alter
_____ Fragen
_____ Unterlagen
_____ weiter
_____ Mitarbeiter
_____ Bank
_____ Dank?

V.

_____ Dom

_____ Rhing

_____ Fastelovend

_____ schunkele

_____ Flönz

_____ Köln

De Kölsche Geschicht als Gedicht

1388	1513
Wie es die Stadt verkündet:	Es wird der Wachdienst eingeführt
Die Uni wird gegründet	Die Reichen ritten ungerührt
In Deutschland ist's das erste Mal	Für Arme gab es einen Spieß
Dass das durch eine Stadt geschah	Weshalb man sie „Spießbürger" hieß

Nicht verwechseln

Halber Hahn
Hälfte eines geflügelten Tieres (Hähnchen), die langsam auf einem Grill gegart und gerne mit Pommes Frittes als Beilage serviert wird.

Halver Hahn
Käsebrot mit Senf.

Dada hierhier – Das Ziel ist der Weg

Nicht nur das, was, sondern auch, was nicht, aber lauter. Ja? Nein? Klare ich mich undrücklich aus? Verschließt sich Ihnen vor Worten das Verst? Haben Sie? Oder weil? Denn warum!

Ab Surdität geht es weiter bis UN-Verständnis, bitte aussteigen. Nicht allein das Wort, auch derer mehrere sind etwas, das einen Text ausmachen können. Beim Dadaismus muss das jedoch nicht zu einem sinnvollen Vergeben. Führen! Sätze können, wenn sie werden, manchmal vorher, manchmal jetzt. Nicht der Sinn, nicht der Un, vielleicht aber der Franz, das weiß man nicht. Und der Ball ist bei … Hugo. Hugo Ball, Er-, Sie-, Es-Finder des Lautgedichts. Man entehrt die Sprache ihrer Sinnlichkeit, Worte werden in Salben aufgeteilt und auf Manuskripte geschmiert. Klangbilder verge-hen und werden vom Nichts der Bedeutung aufgesogen. Und jetzt stellen Sie sich mal vor, dass ich Ihnen alles auf diese Weise erzählt hätte. Na, hätten Sie daran Spaß gehabt?

Wie wir also zwischen den Zeilen erlesen mussten, ist auch der Umgang mit Texten etwas, das im Dadaismus eine große Sache war. Man verwendete die Stilmittel der Parodie, Satire, Ironie und grotesken Humor. Und nicht nur das, man bezog sogar das Publikum ein … indem man es als Idioten bezeichnete und als Abschaum behandelte. Ach, die guten alten Zeiten des Dada! So wollen Sie Ihren Dadaismus, nicht wahr? Oder … möchten Sie nicht, dass man so mit Ihnen umgeht? Nein? Na, dann können Sie jetzt ganz in Ruhe weiter lesen!

Groschenromane von Shakespeare

Julia blickte vom Balkon
Romeo, er war ihr Sohn
Da schloss sich die Romanze aus.
Sie ging zurück ins kühle Haus
Schwebte hin zu ihren Betten
Und starb schon bald –
    zuviel Tabletten!

Derweil im Staate Dänemark
War was faul an diesem Tag.
Der König tötete den Bruder
Schlief mit der Schwägerin,
    dem Luder.
Hamlet ist nun halb verwaist
Der Vater geht ihm auf den Geist.

Ophelia stürzt sich in den Suff
Hamlet kommt aus einem Puff
Paparazzis knipsen ihn
Drum muss er in den Krieg
    nun ziehn.
Zum Abschied gibt's ein Abendmahl
Dabei wird die Familie fahl.
Alle sterben um den Tisch
Denn was faul war, war der Fisch!

Da war dieser Junge Luke
Der sich stets für das Gute schlug.
Die eigene Schwester wollte er lieben
Über das Böse wollte er siegen.
Er verließ sein Zuhause und zog
    sehr weit fort
Verhinderte dabei auch
    so manchen Mord.
Dann traf er den Gegner, der war
    wirklich böse
Und beide kämpften mit
    großem Getöse.
Es krachte und zischte, er verlor
    seine Hand
Doch er schlug sich tapfer, es war
    keine Schand.
Doch dann wurde ihm plötzlich klar
Dass der böse Feind wohl
    sein Vater war.
Und all das spielte in weiter Ferne …
Ach nein, das war ja „Krieg
    der Sterne"!

Othello, das kam öfter vor
War bekannt, nun ja, als „Mohr"
Also als „Afro-Venezianer".
Er speiste gern beim Mexikaner
Liebte Fußball, Maradonna
Liebte auch die Desdemona
Doch wurd' die Dame bald erwürgt
Und zwar – dafür wird
    sich verbürgt –
Von IHM, oh ja, mein Ehrenwort.
Doch zum Glück war's Ehrenmord!

Und nun, zu Guter Letzt, Macbeth.
Der ging gern hin zum Hexentreff
Doch die Karriere, die stagnierte
Weshalb Macbeth nicht resignierte.
Die Frau kaufte ihm einen Schlips
Gab ihm ein paar gute Tipps
Zum Beispiel seinen Chef
    beim Grillen
Vielleicht einfach mal zu killen.
Das Blut wischt er im Brunnen ab
Bevor man's sieht, Mann,
    das war knapp.
Dann übernimmt er's Unternehmen
Will damit ein'ges unternehmen
Die Frau berät ihn dabei sehr
Irrt sich an der Börse schwer
Macbeth ist nur ein armer Tropf
Verliert am Ende Job … und Kopf!

Es ist uns eine große Ehre
Sie zu begrüßen zur Premiere
Zu einer epischen Tragödie
Zu einer himmlischen Komödie
Zu einer Romanze, zart
Zu nem Krimi, cool und hart
Ein Film, der alles dies vereint
Bei dem man lacht und auch
    viel weint
Bei dem man sich fühlt wie
    ein Zwerg …
Franz Kafkas neuem Meisterwerk!

In Köln bei der Premierenfeier
Fühlt Kafka sich auch gleich viel freier.
Die Stimmung ist natürlich dunkel
Gab's vor dem Fest doch
    viel Gemunkel
Wer sich heut hier die Ehre gibt
Doch Kafka ist und bleibt beliebt.

Das Catering kommt heut von Käfer
In Sekten treten ein die Schläfer
Elf Söhne auf der Galerie
Ein paar in der Strafkolonie
Das Urteil ist noch nicht gefällt
Ein Landarzt ist dort, dem's gefällt
Der Türhüter am Einlass steht
Fragt jeden aus, bevor er geht

Kaf K.

Doch dann endlich ist es so weit
Der Vorhang hebt sich, es wird Zeit
Ja, darauf haben wir gewartet
Dass Kafkas Meisterstück nun startet.

Nach Franz Kafkas „Der Prozeß"
Bringen wir – ohne Regress
Und mit großer Starbesetzung
Die lang erwartete Fortsetzung.
So was war noch niemals da:
Thomas D. spielt Josef K.

Es wird's Verfahren fortgeführt
Neue Zeugen vorgeführt
Die Jury ist das Publikum
Ein Augenzeuge bringt sich um
K. rollt den Fall noch einmal auf
Verändert dabei den Verlauf
Nimmt Anwälte ins Kreuzverhör
Verschafft sich immer mehr Gehör
Zerstört auch ein paar Alibis
Behandelt dreiste Lügner mies

Er lüftet die Verfahrensfehler
Bedroht im Zeugenstand nen Hehler
Lässt einen Schmugglerring auffliegen
Lässt sich von niemandem belügen
Beginnt noch mal die Untersuchung …
In: „Der Prozeß 2 – Die Berufung"!

58

Äh ...

Die Blumen äh auf der äh Wiese äh blühen sehr bunt
äh die Sonne scheint äh warm, leise bellt ein äh Hund
und der Himmel ist blau äh die Sonne äh scheint warm
kein Wölkchen am äh Himmel des Sommers äh Charme

Im Gras äh sich rähkeln das ist äh sehr schön
die äh Schönheit dähs Lebähns äh kann man äh sehn
äh alles ist äh äh lieblich äh wundervoll – toll
äh so müsst es äh immer sein äh immer jawoll

Der äh Sommer äh ist einäh ganz äh tolläh Zeit
weil äh alles echt schön äh ist so äh weit äh und breit
äh das find ich äh ganz toll äh und gar nicht so zäh
ich kann's nicht äh beschreiben äh, es ist so äh ähhhhhhh

Träumereien

In der Nacht wie jeder weiß
Träumt man oft ne Menge Scheiß
Gestern war's bei mir soweit
Es war wieder diese Zeit
Mir ging vieles durch den Sinn
Und ich träumte vor mich hin

Im Kopf blieb noch ein schwaches Bild
Vom Traum – und der war ziemlich wild
Grotesk, absurd und surreal
Abstrakt, abstrus und doch banal
Oder – in kurzen Worten – Mist
Das ist es, was er meistens ist

Manche können das nicht fassen
Und woll'n uns dran teilhaben lassen
Damit die Träume Ihnen bleiben
Doch muss man nicht darüber schreiben
Und – ist er noch so schräg gewesen –
Auch wirklich nicht darüber lesen!

Unter
brechung

für Pavel, der mit dem „Café Storch", in dem dieser Text entstand,
die Kölner Literaturszene fördert wie kaum ein anderer

Also, folgendes Gedicht …
Oh je, jemand im Raume spricht
Ich hoff, mein Lesen stört Sie nicht?!
Er nickt – ich stutze – fahr dann fort
Und reihe wieder Wort an Wort
Beginne neu zu rezitieren
Lasse mich nicht irritieren …

Jetzt kommen wieder Leute rein
Das ist doch ganz besonders fein
Ich stocke – und sie nehmen Platz
Ich hab die Zeile eh verpatzt
Und warte, bis sie dann bestellen
Ich fahre fort mit einem hellen
Vokal – und die Bestellung kommt
2 Bier, 2 Wein, das ging ja prompt

Dann wird es langsam wieder ruhig
Ich gehe meinen Text kurz durch
Wo war ich? Ach da, also los …
Was tut sich da denn wieder bloß?
Ein paar der Leute stehen auf …
Brennt es? Geh'n wir alles drauf?

Ich sehe Panik in Gesichtern
Oh nein … es liegt nur an
den Dichtern
Drum woll'n ein paar der
Gäste fliehen
Ich unterbrech' und lass sie ziehen
Und ich warte, bis sie dann
Draußen sind und fang neu an.

Was klappt – bis dann die Tür aufgeht
Und einer dort im Rahmen steht
Der eine Pantomime macht
Mit der er ohne Worte sagt
Er hätte seinen Schirm vergessen
Sehr wahrscheinlich nach dem Essen

Man findet ihn, die Tür geht zu
Und ich hab endlich wieder Ruh
Die hören wollen sind hier drinnen
Die andern weg, ich kann beginnen
Und will noch mal von vorne starten
Doch – sagt man mir – bei all
dem Warten
Wär' jetzt – was ne Schweinerei –
Meine Lesezeit vorbei!

60

In der ersten Hälfte des Stückes
konnte man beim Publikum noch eine gewisse
Nervosität feststellen, die erst mit Ankündigung der na-
henden Pause in eine leicht gespannte Aufmerksamkeit um-
schlug. Nachdem das Publikum zu Beginn des Stückes sehr unkon-
zentriert war, ließ sich später eine allgemeine Zuwendung zu seiner Rolle als Betrachter erkennen, während allein die Raucher der Pause mit
Spannung entgegenfieberten.

Im zweiten Akt, noch vor der Pause, endete dann auch das verhaltene Hüs-
teln der alten Dame in der ersten Reihe, die gleich im Anschluss an die Vorstel-
lung zu einem Vorstellungsgespräch für die Kölner Philharmonie, Parkett, Reihe
drei, Platz sieben, geladen wurde, ein Schicksal, dessen sich nur wenige der anwe-
senden Zuschauer rühmen konnten und das sie für ihre unleugbare Einzelleistung
mehr als angemessen belohnte.

Nach der Pause hatte sich das Publikum dann langsam aufeinander eingespielt
und auch das Timing der **Publikumskritik** zur Toilette oder an die
Bar gehenden Zuschauer, die es während der Pause
nicht mehr geschafft hatten, war brillant aufeinander abgestimmt.

Als aus der letzten Reihe ein lautes Niesen zu hören war, konterte ein Zuschauer aus dem Parkett mit einem Hustenstakkato, begleitet von seiner Frau, einer pro-
fessionellen Asthmatikerin und schaffte somit ein hervorragendes Zwischenspiel,
das sich in einem Crescendo von Hust- und Würggeräuschen, ja, sogar ein Rülpser
war zu vernehmen, zu einem ungeahnten Zwischenhöhepunkt steigerte.

Nach einer kurzen Unterbrechung wurde dann der Geniestreich der zischend
geöffneten Bierdosen aus der dritten Reihe von klassisch knisternden Chipstüten
aus Reihe zwei und sieben nicht nur eingekreist, sondern auch in seiner Absur-
dität entlarvt.

Erst im Finale kam das Publikum in Hochform und zeigte, was in ihm
steckte. Unkontrollierte Lach- und Chipssalven, unterstützt von herum-
sprühenden Sekt und lauthalsem Stühlerücken, rundeten diesen
Abend zu einem unwiderstehlichen Ereignis ab, zu dem man
nur sagen kann: Bravo! Wann wird man je wieder ein
solch hervorragendes Publikum erleben dürfen?

Lückenfüller

Oh, **tut mir leid**, bin nicht rechtzeitig fertig geworden.
Tja ich hoffe, Sie können sich auch so einen **Reim darauf** machen:

Aufmerksamkeit lässt schnell
Drum sag ich erstmal: Guten
Und reibe mir schon mal die
Denn bei jeder Zeile fehlt das

Das war ja bisher nicht so
Drum wird's nicht wen'ger, sondern
Und Sie, Sie machen dabei
Oh ja, das ist ja echt der

Oh Mann, ich schlafe hier gleich
Muss das denn alles wirklich
Dass ich hier auf dem Hocker
Und nass bin, weil ich heftig

Dann kann ich's mir jetzt einfach
Nur Sie ham dabei nichts zu
Also, strengen Sie sich
Denn sonst bin ich mit Dichten

Wie gern würd' ich die Wahrheit
Oder Sie nach ner Kippe
Das hat doch alles keinen
So kriegen wir das niemals

Doch dazu hab ich keine
Ich meine, hätten Sie
Wie anstrengend das sein
Zu reimen, wirklich, Mann, Mann,

Drum werd ich jetzt zum Ende
Ihr habt die Worte wohl
Weil ich jetzt schnell nach Hause
Und diesem Text, dem fehlt der

De Kölsche Geschicht als Gedicht

1591

Man kennt ihn später auf nem Pferd
Den Jungen namens Jan von Werth
Er wurd ein Kölscher Krieger
Und blieb fast immer Sieger
Und das, weil eine Griet
Kontakt mit ihm vermied
Sonst hat er kaum verloren
Dies Jahr wurd er geboren

1793

In Frankreich, ja, das weiß man schon
Beginnt eine Revolution
Manche verlier'n Knöpfe
Und es rollen Köpfe
In Köln sind sie ein Jahr danach
Man gibt ihnen ganz friedlich nach
Und hofft, dass sie
das Schicksal wenden
Und auch den Klüngel hier beenden

Nicht verwechseln

Lichter, Kölner
Feuerwerk mit spektakulärem Anblick.

Lichter, Horst
Fernsehkoch mit spektakulärem Bart.

9

Vor- und Nachwörter gibt es wie Sand am Meer. Entweder, Sie erfahren schon vorher, was bei dem Buch, das Sie sich da gekauft haben, eigentlich gedacht war – und das

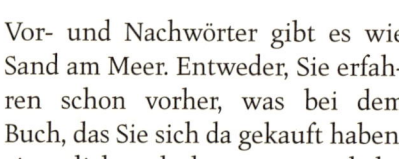

nimmt dann ja ein bisschen die Spannung aus der ganzen Sache. Oder Sie erfahren es, wenn es bereits zu spät ist. Deshalb haben wir uns gedacht, jetzt, wo Sie so mitten drin sind im Buch, da sagen wir Ihnen, was wir uns dabei gedacht haben.

Haben wir uns gedacht, machen wir aber nicht! Tja, wer hätte mit dieser überraschenden Wendung gerechnet? Der Mörder ist immer die Person, die den Mord begangen hat. Und beim Dada ist das ja möglicherweise ähnlich. Sie erinnern sich: Der Weg ist das Ziel, das Ziel ist der Weg, das Ziel ist das Ziel und der Weg ist der Weg. Das bedeutet: Manche Dinge, die es gibt, sind anders als andere Dinge, die es nicht gibt. Teilweise gibt es Überschneidungen. Wichtig ist doch, dass man darüber gesprochen hat. Und ich finde, das haben wir hiermit hinreichend getan.

Ich als Buch fühle mich auch nicht immer wohl, wenn man mich in irgendein Regal stellt. Da steht man neben Kant, der einen mit endlos langen Sätzen vollsülzt, da steht man neben hochnäsigen Ledereinbänden, siffigen Taschenbüchern oder klugscheißerischen Schulbüchern. Deshalb freue ich mich, wenn Sie mich in die Hand nehmen, durch mich durchblättern, die eine oder andere Stelle lesen – und mich verdammt noch mal nicht mit Kaffeeflecken zusauen! Und lassen Sie mich bitte nicht auf dem Klo liegen. Was glauben Sie, wie viele meiner Kollegen auf irgendwelchen Toiletten herumliegen und nur gelesen werden, wenn irgendjemand Stuhlgang hat? Das ist doch wirklich ein scheiß Leben, um hier mal ein nahe liegendes Wortspiel zu bemühen. Wenn ich Ihnen gefalle, dann verschenken Sie mich doch einfach so oft Sie können. Aber erst kaufen!

wort

Dann möchte ich mich an dieser Stelle noch bei den Gastautoren bedanken. Peter Berchem lebte von 1866 bis 1922 in Köln. Neben seiner Arbeit als Volksschullehrer widmete er sich auch stark der Armen- und Waisenpflege. Seine selbst vertonten Lieder fanden großen Anklang bei seinen Schülern, mit denen er sie sang. Noch heute gilt er als einer der großen Lyriker der kölschen Sprache. Wahrscheinlich hat er auch Willi „Wilhelm" Ostermann kennen gelernt, der von 1876 bis 1936 in Köln lebte. Zum Gedenken an diesen kölschen Mundartautoren von Heimat- und Karnevalsliedern wurde Weiberfastnacht 1939 in der Altstatt eigens ein nach ihm benannter Brunnen eingeweiht. Außerdem prägt sein Name eine Medaille, die als höchste Auszeichnung im Kölner Karneval an Künstler verliehen wird, die sich um das Kölner Lied verdient gemacht haben. Genau das macht Angela Krüll auch. Die Sängerin und Autorin, die mit eigenen kölschen Texten auf der Bühne das Publikum begeistert, ist in Quadrath-Ichendorf aufgewachsen und spricht laut eigener Aussage „Kotterother Platt". Sie macht Soloprogramme, tritt in Musicals auf und war 2008 Gewinnerin bei „Loss mer singe". Da man bei Frauen nicht über das Alter spricht, lassen wir ihr Geburtsjahr mal weg; es ist jedoch auszuschließen, dass sie Peter Berchem oder Willi Ostermann jemals begegnet ist.

So, das war das. Ich möchte schließen mit einem kleinen Text, einer philosophischen Abhandlung über den Reifungsprozess, die sich mit dem Erwachsenwerden, mit dem Heranreifen, mit der Entdeckung der eigenen wie der Sexualität anderer sowie in letzter Konsequenz mit den Hintergründen für den Kampf der Geschlechter befasst:

> Als junger Mann lernt man geschwind,
> Dass Brüste hervorragend sind.

Ganz ehrlich, was haben Sie von einem Zweizeiler erwartet? So, weiter geht's!

daZWISCHENseite

De Kölsche Geschicht als Gedicht

1802

Man kennt sie heute noch, die beiden
Beide hatten viel zu leiden
Man hat sie oft ausgelacht
Sie haben uns viel Spaß gemacht
Lässt man sich durch die Stadt
heut führen
Kann man sie sogar berühren
Sie füllten heut bestimmt noch Sääl
Glückwunsch euch, Tünnes und Schäl

1804

Er soll nicht groß gewesen sein
Im Gegenteil, sogar sehr klein
Erfolgreich war er dann im Krieg
Erreichte auch so manchen Sieg
Ist vor ner Schlacht nie weggerannt
Und wurde später doch verbannt
Doch dieses Jahr war er apart
In Köln: Napoleon Bonapart

66

Nicht verwechseln

Fast Nacht
Die Zeit, kurz bevor es Nacht wird.

Fastnacht
Die Zeit, in der Karneval ist (um Verwechslungen vorzubeugen in Köln „Fastelovend" genannt).

Kölnisch Wasser 1: Der Rhein

Er ist die kölsche Lebensader, ein Fluss, der 1.233 Kilometer lang ist und durch sechs Länder fließt – und doch ist er mit Köln verbunden wie mit keiner anderen Stadt. Er wurde kaum befahren, besungen, beliebt, Schillers Glocke handelt von ihm, wenn man zwischen den Zeilen liest. Viele der Steine, aus denen der Kölner Dom gebaut ist, wurden auf dem Rhein transportiert, also hätte es dieses einmalige Bauwerk ohne diesen Fluss vielleicht niemals gegeben. Oder erst später. Oder er wäre erst später fertig geworden ... Gut, in dem Fall wird die Bedeutung des Rheins vielleicht überschätzt. Und doch, es gibt kaum ein Lied über Köln, das ohne den Rhein auskommt, also wollen auch wir uns an dieser Stelle in Ehrfurcht vor dem großen Fluss verbeugen.

Zu ihm gibt es viele Geschichten
Da braucht man keine neuen dichten
Drum lassen wir das einfach sein.
Gute Fahrt noch, lieber Rhein!

Bitte? Nicht genug? Na gut, dann machen wir
eben noch ein bisschen mehr zu dem Thema ...

67

Rheinlichkeiten

Manchmal bist du echt trocken
Und manchmal bist du voll
Du bringst die Welt ins Stocken
Du bist einfach nur toll

Gemeint ist nicht das Kölsch hier
Gemeint ist nicht der Dom
Erst recht ist's nicht das Altbier
Nein, wir sprechen hier vom

Schönsten aller Flüsse
Na wer kann das wohl sein?
Man schreibt solche Ergüsse
Wohl nur über den Rhein!

Wo ist der Rhein am schönsten?

Der Anfang ist die Quelle
Die können wir nicht sehn
Manchmal machst du ne Welle
Das könn'n wir nicht verstehn

Dein Ende liegt in Ferne
Die Nordsee ist so weit
Da sähen wir dich gerne
Doch ham wir nicht die Zeit

Deshalb sehn wir dich dort
Am liebsten wo wir sind
Und dieser eine Ort
Ist Köln, mein liebes Kind!

Schäl Sick

Es gab einst eine Sage
Dass Gott am achten Tage
Schuf mit viel Geschick
Den Ort genannt „Schäl Sick"

Das Land, sagen die Alten
Wurde vom Rhein gespalten
So gab es nun zwei Seiten
Da ließ sich trefflich streiten

Die „andre Seite", sagte man
Wär ne Gefahr für jedermann
Dort sollt es schlimmes geben
Und Ungeheuer leben

So ganz falsch war das damals nicht
Denn wie noch heut der Römer spricht
So konnte man nur warnen
Denn dort gab es Germanen

Man sprach noch Jahre von
        dort „drüben"
Da wollt den kalten Krieg man üben
Doch gibt es das heute nicht mehr
Denn das war wohl die DDR

Wenn heut den Rhein man überquert
Dann wird es auch nicht unbeschwert
Die Menschen wirken alt und grau
Die Sitten dort sind ziemlich rau

Und Monster rücken dir zu leibe …
Kann sein, dass ich hier übertreibe
Denn eigentlich stimmt das ja nicht
Doch wie öd wär dann dies Gedicht?

Ode an ...

Man sieht dich schon aus weiter Fern ...
Ach nee, das war der Dom!
Man trinkt dich jeden Abend gern ...
Das war das Kölsch, mein Sohn!

Du bist das tollste Fest der Welt ...
Nein, das war Karneval!
Du mauschelst gern, auch mal mit Geld ...
Klüngeln ist kein Skandal!

Auf dir geht guter Glühwein rum ...
Das ist der Alter Markt!
Du bringst mich irgendwann noch um ...
Das ist ein Herzinfarkt!

Man nennt dich anders als du bist ...
Das war der Halve Hahn!
Man schätzt nicht, dass du zu spät bist ...
Das ist die Kölner Bahn!

Auf dir legt man sich ewig hin ...
Das war sicher Melaten!
Mit euch hat Sex wohl keinen Sinn ...
Das sind sicher Kastraten!

Du wirst in jedem Lied besungen ...
Genau, das muss es sein!
Hast dich stets durch die Stadt
geschlungen,
Du bist der Fluss, der Rhein!

69

Tränenflut

Penelope stand
Direkt am Strand
Das Wasser spielte
Um ihre Füße
Und sie schielte
Sie war eine Süße

Sie wollte heute
Es ist nicht zu verstehen
Vor den Augen der Leute
Selbstmord begehen
Indem sie sich, was ihren Tod würzte
In die tobenden Fluten stürzte

Doch die tobten nicht
Der Rhein war ganz still
Es war viel zu sanft für den eigenen Kill
Ganz sacht war die Gischt
Es wurd' nicht mal gefischt
Tränen liefen ihr übers Gesicht

Doch als die Tränen ins Wasser liefen
Regte es sich in des Rheines Tiefen
Der Spiegel stieg an
In Sekundenschnelle
Verschluckte das Land
Schon fast auf der Stelle

Penelope, die nach dem Freitod strebte
War die einzige, die überlebte
Sie wollte den Tod, ganz ohne Frist
Drum starben alle Leute
Und da sie nicht gestorben ist
Wartet sie noch heute!

+++ DIE KÖLNER NUBBEL NACHRICHTEN – EILMELDUNG +++
Eine neue Plagiatsaffäre beschäftigt die Kölner. Gerüchten zufolge soll
der Mainzer Karneval nichts als ein billiges Plagiat des berühmten Kölner Karnevals sein. Büttenreden, Kamelle und ein Rosenmontagszug –
die Beweislast ist erdrückend. Der Vorsitzende der Mainzer Karnevals-
union bezeichnete die Vorwürfe als „abstrus", gab aber zu, nachdem er
sich am Aschermittwoch erstmals intensiv mit dem Thema auseinander-
setzen konnte, dass er auch nur ein Mensch sei. Dies überraschte selbst
engste Vertraute des Vorsitzenden. In einer eigens anberaumten Presse-
konferenz gestand er: „Es sind Fehler gemacht worden – wahrscheinlich
aber von anderen. Ich habe als Familienvater, Vereinsvorsitzender und
Kleingärtner in mühevoller Kleinstarbeit ein Modell des Kölner Doms
aus Streichhölzern gebaut." Er erklärte aber nicht, in welchem Zusammenhang das zur Plagiatsaffäre stehen könnte. Das Festkomitee des Kölner Karneval erklärte, dass weitere Plagiatsverfahren gegen den Düssel-
dorfer Karneval und den „Karneval in Rio" folgen werden.
+++ DIE KÖLNER NUBBEL NACHRICHTEN – EILMELDUNG +++

71

Wörtersee im Rheinschema

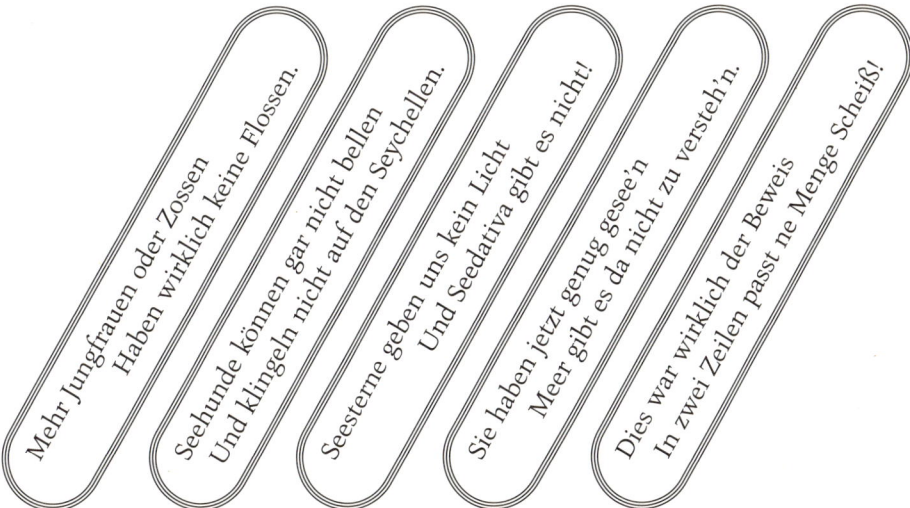

Mehr Jungfrauen oder Zossen
Haben wirklich keine Flossen.

Seehunde können gar nicht bellen
Und klingeln nicht auf den Seychellen.

Seesterne geben uns kein Licht
Und Seedativa gibt es nicht!

Sie haben jetzt genug gesee'n
Meer gibt es da nicht zu versteh'n.

Dies war wirklich der Beweis
In zwei Zeilen passt ne Menge Scheiß!

Passt verpeckt

Er machte Köln zur Handelsstadt
Auf ihm kamen die Waren
Die Fische in ihm machten satt
Man konnt' auf ihm weit fahren

Man grillt an ihm im Sommer gern
Die Schiffe fahr'n vorbei
Die Menschen komm'n von nah und fern
Bei ihm fühlt man sich frei

Doch ist er manchmal richtig voll
So dass er uns erschreckt
Verbindet Köln mit Düsseldorf …
Er ist halt nicht perfekt!

Die alte Stadt und der Rhein

Altstadt am Rhein
Ist ganz fein
Rhein in Altstadt
Hat man schnell satt!

72

Fischverständnis

Saß ein Fisch
Auf dem Rhein
Kam ein Fischer
Warf ihn rein
Kam ein Hai
Fraß ihn auf
Den Fischer
Der ging dabei drauf
Und der Hai
Kam im Mai
Mit dem Fisch
Auf den Tisch

Rhein und Abel

Es saß der Kain
Einmal am Rhein
Sein Bruder Abel
Bis zum Nabel
Auf der Lore-
Leiempore
Sang ein Lied
Bis er verschied
Denn jedes Boot
Wollt seinen Tod
Sang er doch schlecht
Und Kain war's recht

Säl Schick

Hinüber sieht man oft nach dort
Herüber fährt man jedoch kaum
Sehr schick ist diese Dame auch nicht
„Schäl Sick" wurd sie darum genannt

Seite ist sie – nur die falsche
Breite eines Flusses nur
Trennt sie von der wahren Seite
Kennt man ja, wie so was läuft

Schön ist es auf ihr trotz allem
Gehn kann man am Rhein entlang
Darum hat man bess'ren Domblick
Warum also lästert man?

Rheingelegt

Im Norden ist das große Meer
Die Berge südlich sind zu schwer
Doch lassen wir uns nicht verdrießen
Wir können Natur genießen
Wir haben was, das ist sehr fein
Und zwar den Fluss genannt der Rhein.

Im Sommer gibt es einen Strand
Zum Hinlegen, aus feinem Sand
Lorelei hat hier verführt
Benedikt das Volk berührt
In Flammen steht er jedes Jahr
Ach, er ist schon wunderbar.

Doch im Winter, welch ein Graus
Kam zu manchem er nach Haus.
Hochwasser, das konnt' er gut
Brachte manchem dadurch Wut
Und hat viele leiden lassen
Böser Rhein, kann man das fassen?

Willst, dass man dich immer huldigt ...
Hast du dich denn mal entschuldigt?
Hast du wohl nicht nötig, was?
Dein Verhalten ist echt krass!
Nein, das will ich echt nicht glauben
Kannst dir wohl alles erlauben?!

Was sagst du? Ich hör nur Rauschen!
Das kann einen echt berauschen
Okay, du bist echt wunderbar
Du hast mich überzeugt, na klar
Hätt' mich nie an den Main gelegt ...
Ich glaub du hast mich rheingelegt!

daZWISCHENseite

De Kölsche Geschicht als Gedicht

1814
Die Franzosen rücken ab
Doch man hält die Stadt auf Trapp
Neue Truppen sind schon da
Preußen, ach, wie wunderbar
Und auch Russen, na wie schön
Wie soll das nur weitergehn?

1816
Wegen all dem ganzen Stress
Gibt's in Wien einen Kongress
Das Rheinland, da ist Köln dabei
Geht an Preußen, na au wei

74

Nicht verwechseln

D'r Zoch kütt
Erfreuter Ausruf, wenn der Rosenmontagszug pünktlich kommt.

D'r Zoch kütt
Erfreuter Ausruf, wenn die Straßenbahn
ausnahmsweise auch mal pünktlich kommt.

Kölnisch Wasser 2: Kölsch

11

Ein Bier sagt mehr als tausend Worte. Heißt es doch. Oder so ähnlich. Wenn Sie etwas über Kölsch wissen möchten ... dann bestellen Sie sich einfach eins. Beim Köbes. Das ist der Kölsche Ober. Wirkt oft etwas ruppig, aber das gehört einfach dazu. Der bringt Ihnen eins und dann ... einfach probieren.

Falls es Ihnen nicht schmeckt ... dann trinken Sie einfach noch eins. Irgendwann hat es dann auch Sie überzeugt. Schon deshalb, weil Ihnen der Köbes von sich aus gar keine anderen Getränke bringt. Die müssen Sie schon explizit bestellen – und das wird meist mit Zurechtweisung geahndet.

Und da ist noch was. Es gibt Fälle, da hilft es bei Texten, wenn man vorher genügend Kölsch getrunken hat. Zum Beispiel im Karneval. Deshalb sage ich an dieser Stelle: „Prost!" – und dann erleben Sie eine vollkommen andere Bedeutung von „Dada op Kölsch".

Brauerweisheit

Kölsch macht alle gleich
Den Pfarrer und den Scheich
Kapitän und Steuermann
Stoßen miteinander an

Cowboy und Indianer
Sind einander nah da
Polizist und Dieb
Haben sich ganz lieb

Delinquent und Richter
Werden immer dichter
Jungfrau und Vampir
Kriegen Freude hier

König trinkt mit Bauer
Da schaut niemand genauer
Und sogar beim Kardinal
Wird das Kölsch nur selten schal

Ach, das ist doch wirklich fein
Der Moslem lädt den Juden ein
Jeder kann mit jedem
Das müsst es immer geben!

Gastfeindschaft

Darf's noch etwas sein?
Nein? Fein!
Machen Sie sich keine Mühe
da, die Brühe
ist zu heiß.
Ich weiß
das wollen Sie nicht hören
darf Sie nicht beim Essen stören!
Was kann denn schon so wichtig sein?
Mann, Sie fressen wie ein Schwein!
Vielleicht lieber kräftig kauen?
Was sollen jetzt die Augenbrauen
soll mir das vielleicht was sagen?
Ach, ich hör schon auf zu fragen.
Ja, ich rufe Ihren Wagen.
Was für'n arroganter Gast
dieses Arschloch hätt' ich fast …
Ach, Sie haben was vergessen?
Vor oder eher nach dem Fressen?
Ich mein "Essen"!
Nicht die Stadt!
Was der wohl hier verloren hat?
Vielleicht war es Ihr Portemonnaie?
Lag das nicht auf dem Kanapee?
Nicht da, dort, neben dem Tee!
Ich weiß nicht, vielleicht gibt
es Schnee.
Tut es nicht, oh jemine!

Ach, Sie haben's in der Tasche.
Was für eine blöde Flasche!
Nein, ich habe nichts gesagt.
Ihre Sitzung wurd' vertagt
und was Sie bei uns vergaßen
während Sie Ihr Essen aßen
war Ihr Planer, ah wie nett.
Der liegt noch auf Ihrem Bett,
sagt das Zimmermädchen gerade
und sie findet's ziemlich schade
nein, nicht dass Sie heut abreisen
dass Sie hier auf Ihren Reisen
niemals mal ein Trinkgeld geben.
Diesmal auch nicht, sagt sie, eben
Und dafür reißen wir uns hier
den Arsch auf, ja, ich meine wir,
also das ganze Personal
das findet es wirklich fatal
dass ein fettes Schwein wie Sie
hier einkehrt und sich wirklich nie
für unsere Gastfreundschaft bedankt!
Ach Gott, sind Sie wieder betankt?
Ja klar, das Taxi kommt ja schon.
Das ist wirklich blanker Hohn!
Auch Ihnen eine schöne Fahrt
In die Hölle, du Schwachmat!
Ich hoff dich trifft ein böser Fluch …
Wir freu'n uns auf Ihren Besuch!

Ich glaube, hin und wieder denken wir alle so.
Aber das möchten wir dem Köbes nicht unterstellen. Deshalb wollen wir
ihn an dieser Stelle mit einer kleinen Ode ehren:

Ode an den Köbes

Wasser gibt es bei ihm nicht   Ruppig ist ein gutes Wort
Das ist, was der Köbes spricht   Ist das Glas leer, nimmt er's fort
Blaue Schale, harter Kern   Und stellt sogleich ein neues hin
So hat man ihn in Kölle gern   Sonst hat der Job ja keinen Sinn

Wirkt das auch auf so manchen hart
So ist das einfach seine Art
Nur sollten Sie ihm niemals winken
Aber vielleicht mal auf ihn trinken!

Kölsche Liebeserklärung

Du stehst vor mir, so schlank und blond
Dein Schöpfer hat das gut gekonnt
Ich ziehe dich zu meinen Lippen
Und möchte zärtlich an dir nippen

Dann schmeck ich dich, du bist famos
Du tropfst etwas in meinen Schoß
Ich schlucke, du fließt meine Kehle
Runter, was ich nicht verhehle

Ich führe dich langsam zum Mund
Zu schnell trinken ist nicht gesund
Doch schaffst du es, mich zu verführen
Kölsch, ich möchte dich jetzt spüren!

Ich trink dich aus, weil's mir gefällt
Dann wird das nächste Kölsch bestellt!

Anstößige Gedichte
zum Anstoßen

Erheben wir das Glas
Nicht einfach nur zum Spaß
Dem Kölsch „Adieu" zu winken
Denn das woll'n wir jetzt trinken!

***

Das Kölschglas ist ganz voll
Das ist ja erstmal toll.
Aber nicht wirklich fair
Drum trinken wir's jetzt leer!

***

Ist jedes Kölschglas leer
Fällt bald das Reden schwer
Vielleicht ist das ein Trost:
Wir trinken jetzt was. Prost!

Kölsch
um Kölsch

Das 1. Kölsch merkt man fast nicht
Das 2. fällt kaum ins Gewicht
Das 3. hat man schnell getrunken
Dem 4. direkt zu gewunken
Beim 5. ist man ziemlich froh
Nach dem 6. geht's aufs Klo
Das 7. hat noch Freud gemacht
Drum gibt es gleich die Nummer 8
Doch ist man dann beim 9. Glas
Macht das 10. doppelt Spaß
Rinnt nun 11 die Kehle runter
Folgt 12 und macht richtig munter
13, 14, 15 auch
Machen einen dicken Bauch
16 geht auf einen Ruck
17 mit nem großen Schluck
Zwischendurch n Happen essen
Aber 18 nicht vergessen
Und die 19, ein Genuss
Dann ist aber wirklich Schluss
Die 20 lässt man lieber bleiben
Denn: Man muss nicht übertreiben!

Tipp:
Damit Sie nicht zusammen sinken
Einfach nicht alle Kölsch trinken!

Grußwort

Meine sehr verehrten Damen
Und auch Herren, heute Amen
Tschuldigung, ich meine Abend
Bin ich, einen Schwips schon habend
Hier, um Ihnen gute Laune
Zu machen, da werden Sie staune
Tschuldigung, ich meine staunen
Und jetzt ist Schluss hier mit dem Raunen

Was ich euch zu sagen habe
Ist wohl wirklich keine Farbe
Tschuldigung, ich meine Frage
Denn was ich euch jetzt endlich sage
Klingt vielleicht zunächst mal nichtig
Aber es ist wirklich wichtig
Denn ich hätt' gern noch ein Bier!
Bringt es mir bitte nach hier.

Lasst uns erstmal fröhlich trinken
Schunkeln, nette Lieder sinken
Tschuldigung, ich meine singen …
Wollte mir nicht wer was bringen?
Ach, egal, wichtig ist, wir
Sind gut drauf … wo bleibt mein Bier?
Man kann auch ohne Alkohol
Fröhlich sein, genau, jawohl.

Und nun zu dem, warum wir hier sind
Zu unserm Geburtstagskind!
Du wirkst noch immer richtig spritzig
Und du liegst da jetzt so witzig
In ganz festlicher Garderobe
Ach, ich muss dich jetzt mal lobe
Tschuldigung, ich meine loben
Du warst immer schon ganz oben
Hast auch alles das erreicht
Was du wolltest, war doch leicht!

Das ist heut dein großer Tag!
Weil dich heut hier jeder mag.
So aktiv und noch so frisch …
Stell das Kölsch da auf den Tisch!
Danke! Also, altes Haus
Du siehst echt gesund noch aus
Entschuldigung, wenn ich jetzt lalle
Du überlebst uns noch alle!
Drum lasst uns jetzt die Gläser heben
Und anstoßen, auf dich, dein Leben!

Bitte? Das ist … Tschuldigung?
Ach was … eine Beerdigung!
Der Geburtstag ist im nächsten Zimmer?
Das passiert mir leider immer!
Also dann … wünsch ich viel Trost!
Und feiern Sie schön. Tschüss … und Prost!

Kater Strophen

1
Mein Kopf ... der dröhnt ... und nicht zu knapp
Ich wünsch mir fast, er wäre ab
Dann wär' ich diese Schmerzen los
Oh Mann, was denke ich da bloß?
Es ist doch wirklich nicht zu fassen
Ich sollte echt das Saufen lassen!

2
Der Schmerz zieht sich ganz dünn und fein
Von der Schläfe in den Kopf hinein
Ich fühl mich trocken, ausgelaugt
Hoff', dass das Aspirin was taugt
Denn selbst die Haare tun mir weh
Kater, nicht zu knapp, oh je!

3
Bitte jetzt nicht zu laut sprechen
Könnte sein, ich muss sonst brechen
Oh Mann, was war ich gestern blau!
Mein Magen – der ist wirklich flau
Ich sollte nicht darüber motzen
Sonst könnt es sein ich muss gleich kotzen!

80

4
Ich fühl mich wirklich richtig schlecht
Mutter hatte scheinbar Recht
Ich sollte nicht mehr so viel trinken
OH – wie meine Sachen stinken!
Nach kaltem Zigarettenrauch
Das ist was, was ich gar nicht brauch!

5
Mir wird schwindlig, ich bleib stehen
Muss das jetzt mal ganz ruhig angehen
Darf mich nicht zu schnell bewegen
Darf den Magen nicht aufregen
Atme langsam und bedacht
Was hab ich da nur gemacht?

6
Ich will es eig'ntlich gar nicht wissen
Ich müsste aber jetzt mal pissen
Da müsst ich zur Toilette gehen
Doch das könnte den Magen drehen
Das Risiko ist jetzt zu groß
Ich leg mich hin und atme bloß!

7
Ganz ruhig, tief atmen, gar nicht schlucken
Sonst muss ich vielleicht doch noch spucken
Aber nicht in meinem Zimmer
Und dann wird es auch noch schlimmer
Denn der Speichelfluss beginnt
Wo Speichel in dem Mund rein rinnt!

8
Ich schaff's den Reiz zu unterdrücken
Mein Gedächtnis hat so manche Lücken
Das war ne echt beschissne Nacht
Das Schlafen hat nicht viel gebracht
Und diesen Tag kann ich vergessen
Ich kann für Stunden nichts mehr essen

9
Ich lieg nur da, dös' vor mich hin
Wo liegt denn da nun echt der Sinn?
Warum mach ich das immer wieder?
Das Licht schmerzt meine Augenlider
Versuch, dem Magen auch zu trotzen
Scheiße … ich muss doch noch kotzen!

10
Ich springe auf und lauf zum Klo
Dann wird es eklig und auch roh
Vom Kölsch bis hin zum leckren Schmaus
Ich spucke, speie, würg es aus
Und während ich noch Stumpfsinn lalle
Schmeck ich im Mund auch schon die Galle

11
Ich häng ganz schlaff am Porzellan
Froh, dass mich niemand sehen kann
Jetzt geht es mir wieder ganz gut
Hab zwar noch Alkohol im Blut
Dafür kann ich jetzt meinen Magen
Nach dem Kotzen gut ertragen

12
Ich schlurfe mühsam hin zur Couch
Mache sofort das Fenster auf
Genieß die kühle frische Luft
Bis abends, als jemand anruft
Dann muss ich mich zusammenraufen
Ich bin verabredet – zum Saufen!!

daZWISCHENseite

De Kölsche Geschicht als Gedicht

1823
Endlich gute Neuigkeit
Na, das wurd' auch langsam Zeit
Karneval ist wieder da
Das ist wirklich wunderbar
Und erstmals, das ist kein Betrug
Gibt es nen Rosenmontagszug

1839
Endlich kann man pünktlich fahr'n:
Es gibt die erste Eisenbahn!
Verspätung hat man für die Kunden
Etwas später erst erfunden!

82

Nicht verwechseln

Schäl Sick, die
Ein so einzigartiger Begriff, dass nicht die geringste Gefahr besteht, ihn mit etwas anderem zu verwechseln. Er bedeutet in etwa „falsche Rheinseite", die, auf der auch diese eine Stadt liegt (siehe: Das D-Wort).

Funkenmariechen
Solln gut riechen
So erfand ein Elf
4711

Die Geschichte von den Heinzelmännchen zu Kölle ist ja bekannt – dienstbare Geister, die in der Nacht die Arbeit verrichteten, bis eine zu neugierige Frau ihnen auf die Schliche kam und sie damit vertrieb – aber dass es auch Kölner Elfen gegeben haben soll, ist schlicht und einfach erfunden. Und zwar von mir. Um einen interessanten Einstieg für dieses Kapitel zu bekommen.

Das wahre Kölnisch Wasser, das sogar mit dem internationalen Titel „Eau de Cologne" nicht nur in die Welt hinausgetragen wurde, sondern damit zum Synonym für männliche Duftwasser geworden ist, ist natürlich 4711. Und nun mögen Sie sich ganz zurecht fragen: Wer würde auf die Idee kommen, ein Duftwasser Viertausendsiebenhundertelf zu nennen?

Nun, die Franzosen. Im weitesten Sinne. Denn in ihrer Zeit in Köln haben sie die Stadt in vier Viertel aufgeteilt. Nicht zu verwechseln mit Veedeln. Kleiner Exkurs: Veedel gibt es in Köln etwa so viele wie Sand an einem Betonstrand – nicht unendlich viele, aber eine ganze Menge. Der Kölner nimmt's halt mit Begriffen nicht ganz so genau (siehe „Halver Hahn").

Aber wenn die Franzosen Viertel sagen, dann meinen sie das auch so. Also haben sie 1794 die Stadt in vier Quartiere aufgeteilt, mit laufenden Hausnummern innerhalb jedes Quartiers. Das war für die Postboten bestimmt ein bisschen kompliziert, denn die Hausnummern gingen in die Tausende. Eine davon hat überlebt und hat es heute zu einem hohen Bekanntheitsgrad gebracht, denn das ist die 4711. Und so wurde das vielleicht bekannteste Duftwasser der Welt nach einer Hausnummer benannt.

daZWISCHENseite

De Kölsche Geschicht als Gedicht

1842	1872
Das waren schon zwei Bengels	Der Otto Motor wird erfunden
Karl Marx und Friedrich Engels	Und fünf Jahr später unumwunden
Die war'n ja sehr bestrebt	Eingesetzt zum ersten Mal
Sie ham in Köln gelebt	Und zwar, das ist wirklich genial
Und nutzten zur Verbreitung	Direkt bei uns in Mühlheim hier
Die „Rheinische Zeitung"	In einer Brauerei für Bier

84

Nicht verwechseln

Alaaf
Ist im Karneval zu Hause.

Allah
Ist im Islam zu Hause.

Allau, Hellaaf – Chili con Karneval

13

Die Elfte Jahreszeit, am 5.5. geht es los … Nee, Quatsch. Die *fünfte* Jahreszeit, am *11.11.* geht es los, um *11 Uhr 11*. Genau. Fasching, Karneval, Fastelovend – und alle sind mit dabei.

Es wird gefeiert, Freundschaften werden geschlossen, Kinder gez…üchtigt, wenn sie zuviel Kamelle gegessen haben. Es ist, wie wenn der Papst die Stadt besucht – nur öfter. Und mit etwas mehr Alkohol. Wie heißt es doch in einem betrunkenen Vierzeiler so schön:

11.11., Alter Markt
Jetzt geht los mit feiern
Wer nicht soviel Kölsch verträgt
Der muss eben reihern!

Ekelhaft – aber wahr! Leider gab es den Karneval schon, bevor er in Köln erfunden wurde. Oder zumindest so was Ähnliches. Zum Beispiel im alten Ägypten. Oder im alten Rom. Oder im Altenheim. Sogar mit Umzügen. Aber wahrscheinlich ohne Büttenreden. Die wurden in Köln auch erst 1827 eingeführt.

Und die sind noch heute – neben Rosenmontagszug, Bützje, Strüßje und Nubbelverbren-

nung – wichtige Elemente des Kölner Karnevals. Man trifft sich auf Sitzungen, so genannten Sitzungen, und dort kommt eine Büttenrede nach der anderen, immer unterbrochen von einem schallenden

Tä-TÄÄÄ …
Tä-TÄÄÄ …
Tä-TÄÄÄ

damit man weiß, wo es lustig gewesen ist. Themen sind Politik, Gesellschaft, Religion und, in Köln, wahrscheinlich Köln. Was natürlich niemals fehlen darf ist Schweinkram, denn der kommt immer gut. Besonders im Karneval. Deshalb an dieser Stelle, exklusiv für Sie, ein paar Dinge, die man im Karneval vielleicht doch lieber nicht bringen sollte … und da politische Reden von Büttenreden ja manchmal auch nicht so weit entfernt sind, haben wir auch das im Programm. Alaaaaaaaaaaaaf!

85

*Wer denkt, der Karneval in Köln
wär' komisch, der sollte mal
einen Ausflug nach Mainz machen.*

Karnevalistische Fundamentalisten

Bei der Wahl zur **Miss Verständnis**
Gab es, nun, ein Missverständnis
Denn die falsche wurd' gekürt.
Die echte war davon berührt
Und nervte, was echt alle quälte,
Da ihr wohl das Verständnis fehlte!

MISSMISSMISSMISS

Bei der Wahl zu der **Miss Trauen**
Wurd' zu aller großem Grauen
Diesmal eine Frau gewählt
Von der man sich sehr wohl erzählt
Man könne sich, kann man das fassen
Leider nicht auf sie verlassen!

86

Wir ham uns heute hier getroffe
Damit wir, völlig unbesoffe
Mal eine Bombenstimmung mache
Da hat so mancher nix zu lache!

Tä-TÄÄÄ … Tä-TÄÄÄ … Tä-TÄÄÄ

Isch seh, da is die Abschlussklasse
Der Selbstmordattentäter – klasse!
Isch wüsche euch ein kurzes Leben
Lasst es krachen, Leute, eben!

Jetzt hat so mancher wohl noch Frage
Dann will isch jetzt amal was sage:
Ihr sterbt nisch ohne Sinn und Zweck …
Ihr haut noch Ungläub'ge mit weg!

Tä-TÄÄÄ … Tä-TÄÄÄ … Tä-TÄÄÄ

Die Kreuzzüg' sin herumgekomme
Die Moslems dabei umgekomme
Drum is jetzt Zeit, des Blatt zu wende
Auf dass die Annern jetzt verende!

Die Jude, ja, un au die Christe
Wahrscheinlich au no die Buddiste
Die hamm gänz klar de falsche Glaube
Drum müsse die jetzt ma dran glaube!

Tä-TÄÄÄ … Tä-TÄÄÄ … Tä-TÄÄÄ

Natürlisch kriegt ihr auch nen Lohn
Im Jenseits trefft ihr – ohne Hohn –
Bauern, Prinz und Zweiungsiebzisch
Jungfraun – das wird sischa witzisch!

Also, was hält eusch noch zurück?
Isch biete eusch des große Glück
Und vielleisch kriegt ihr auch ne Orde
Dafür müsst ihr jetzt nur noch morde!

Tä-TÄÄÄ … Tä-TÄÄÄ … Tä-TÄÄÄ

Mir zünde halt gern Puppe an
Und sprenge Kind und Frau und Mann
Nur Intollranz und all sowas
Da verstehn mir keine Spass!

Na seh isch des vielleisch zu eng
Wennscht die in tausend Teile sprengt?
Oh nei, die sin scho sehr bald dran!
Häscht du de Sprengstoffgürtel an?

Tä-TÄÄÄ … Tä-TÄÄÄ … Tä-TÄÄÄ

So geh nu naus und spreng disch weg
Des hat amal a gute Zweck
Auf dass de Ungläubge verrecke
Denn hört auch auf dieses Gemecke!

Wasch? Du warscht noch grad beim Esse?
Un hascht de Zünder ganz vergesse?
Den Gürtel trägt heut deine Frau?
Dann bumst die gleisch, die arme Sau!

Tä-TÄÄÄ … Tä-TÄÄÄ … Tä-TÄÄÄ

Isch seh, der Stargast isch jetzt da
Da sagen wir: Hellau! Allah!
Hier ist er, den wir alle kennen
Man kann ich schon „pro Feten" nennen.

Applaus für unsern Mohammed!
Der zeigt euch wie man friedlich, nett
Miteinander leben kann …
N schlechtes Vorbild, dieser Mann!

Tä-TÄÄÄ … Tä-TÄÄÄ … Tä-TÄÄÄ

Rummsdadda da, Rummsdadda da,
Rummsdadda dadadadadada,
Tschingbumm!

Schweinkram

Ihre Haut war weiß und rein
Ihre Beine zart und klein
Ihr Kleid hatte sie ausgezogen
Man sah die kleinen Brüstchen wogen
Oh Mann, sie war so richtig lecker
Ihr Geschnatter ging mir auf den Wecker
Sie konnte nie den Schnabel halten
Doch nun endlich lag sie auf dem kalten
Küchentisch – und ja, sie reizte
Mich, wie sie die Beine spreizte

Die Schenkel waren weich und feucht
Ich sah sie – und ich hab gekeucht
Sie war so richtig zum Vernaschen
Vielleicht sollt ich sie vorher waschen?
Ach was, egal, es ging auch so
Mein Blick fuhr hin zu ihrem Po
Ich streichelte die zarte Haut
Ja, endlich war sie aufgetaut

Bei der Wahl zur **Miss Vergnügen**
Traute man sich, zu betrügen
Denn der Favoritin hier
Fehlte leider viel Gespür.
Und es wurde auch geraunt
Sie wär' immer schlecht gelaunt!

MISSMISSMISSMISS

Bei einer Wahl war man nervös
Der zur neuen **Miss Teriös**
Weil die Dame niemand kannte
Und um die Wahl ein Streit entbrannte
Ging es, das war klar im Nu,
Nicht mit rechten Dingen zu!

88

Ich lächelte sie an mit Lust
Befühlte ihre kleine Brust
Tastete mich auf die Feine
Langsam zwischen ihre Beine
Hielt dann inne, seufzte leise
Setzte fort die Taste-Reise
Spürte: Ja, sie war bereit
Endlich war die richt'ge Zeit

Mein Verlangen wurde groß
Ich nahm sie fest, mit einem Stoß
Ich packte sie mit viel Getöse
Und warf sie schnell in die Friteuse
Wo sie knusprig wurd' und braun
Und nicht nur lecker an zu schau'n
Denn klugen Leser war längst klar
Dass sie doch nur ein Hähnchen war!

Manche Wahlen fanden nicht
Statt, was für den Dichter spricht.
Da ist die Wahl zur **Miss Geburt**
Die deshalb nicht geschrieben wurd'.
Für noch eine fehlt hier das Zeug
Und zwar die Wahl zur Miss Telzweig.

MISSMISSMISSMISS

89

Bei der Wahl zur **Miss Geschick**
Gab es wohl ein Missgeschick
Die Kandidatin war zwar ziemlich schick
Doch leider wohl auch viel zu dick
So brach sie sich bei einem Trick
Im Handumdrehen das Genick!

Möpse und Melonen

Sie hatte große Melonen
Die lagen vor ihr auf dem Tisch
Sie wollte den Jungen belohnen
Doch der roch leider nach Fisch

Sie hatte auch zwei große Möpse
Die bellten sehr laut vor sich hin
Fraßen am liebsten die Klöpse
Und tranken dazu einen Gin

Sie hatte auch zwei große Bälle
Da spielte sie gerne damit
Und wegen dem lauten Gebelle
Gab sie ihren Möpsen nen Tritt

Sie hatte auch zwei dicke Dinger
Die waren wirklich sehr groß
Es waren die mittleren Finger
Sie versteckte sie in ihrem Schoß

Sie hatte auch zwei große Augen
Die trug sie in ihrem Gesicht
Ihr Mund, der konnte toll saugen …
Doch darüber spricht man nicht!

Und dann waren da ihre Brüste
Sie waren natürlich zu zweit
Doch wenn ich darüber mehr wüsste
Dann gäbe es jetzt sicher Streit!

Bei der Wahl zu der **Miss Stand**
Stellte man dann kurzerhand,
Was die gar nicht witzig fand,
Die ganze Jury an die Wand,
Um, das wolle man beweisen,
Auf Missstände wohl hinzuweisen!

MISSMISSMISSMISS

Zwei Wahlen gab's zusammen auch:
Die **Miss Handlung**
und **Miss Brauch**.
Doch sind die Reime kurz geraten
Kann man von beiden doch erwarten
Dass sie jetzt nach all den Witzen
Sicher im Gefängnis sitzen!

90

Mehrdeutlich

Manchmal kann man sich rausreden
Wenn man schlimme Dinge sagt
Da gibt es dann Ausreden
Damit ja niemand klagt

Wenn der Musiker einen Ständer kriegt
Dann ist das noch okay
Wenn der Copilot besoffen fliegt
Dann tut das keinem weh

Fragt man die Exnachbarin
Ob sie ausgezogen ist
Oder wenn der Senile
Die Medizin vergisst

Ja, selbst wenn der Pfarrer
Kinder ganz doll liebt
Dann weißt du ganz genau
Dass man dir den Spruch vergibt

Wenn Selbstmordattentäter
Vor lauter Wut platzen
Wenn du lieber mit Tauben
Vögelst als mit Spatzen

Wenn eine Partei behauptet:
„Wir machen in Kompetenz"
Dann regt sich da wohl niemand auf
Dann freuen sich die Fans

Wenn das Mädchen in der Wanne sagt:
„Ich mach's mir jetzt gemütlich!"
Wenn bei uns im Bundestag
Nur der Ausschuss sitzt – wie üblich

Wenn Soldaten aus den USA
Wen auf die Folter spannen
Dann wird sich auch nicht aufgeregt
Dann kann man sich entspannen

Doch wenn du beim Kannibalen
Mittagessen bist
Wenn der Snack beim Pädophilen
Kinderschokolade ist

Wenn der Prophet Mohammed
Gezeichnet ist – vom Tod
Dann wird die Luft schnell dünner
Dann sieht schon mancher rot

Und wenn der Waffenhändler
Rote Zahlen schreibt
Oder wenn die süße
Meerjungfrau abtreibt

Wenn Kampfhunde auf dem Spielplatz
Wegen „Schnauze voll" nicht kläffen
Wenn Israels Soldaten
Palästinas Kinder treffen

Ja, wenn die Terroristen
Aufs World Trade Center fliegen
Dann muss man sich nicht wundern
Dann wird man Ärger kriegen!

91

PoliTalk PoliTalk PoliTalk PoliTalk PoliTalk PoliTalk

Ich, meine sehr verehrten Damen und Herren, liebe Parteimitglieder, hochgeschätzte Opposition, meine freundlichen Journalisten von der hiesigen, aber auch der ausländischen Presse, die Sie sich alle hier dankenswerterweise **heute eingefunden haben, um mit mir das angesprochene Problem wünschenswerter** Weise zu erörtern, da es mir angemessen erscheint, eine solche Frage nicht aufzuschieben, wie es so oft praktiziert wird von Politikern ohne Verantwortungsgefühl, die im Volke nichts weiter sehen als ich, *habe*, und, lassen Sie mich das bitte in aller Deutlichkeit formulieren und nicht den geringsten Zweifel an meiner Glaubwürdigkeit und meiner Ehrlichkeit offenlassen, **Ehrlichkeit, ein Wort, das heute nicht mehr die gleiche Bedeutung zu** haben scheint wie vor ein paar Jahren noch, als ich ein junger Abgeordneter war und man Menschen, die ehrlich waren noch vertrauen konnte, doch mir scheint, die Zeiten haben sich geändert und wem, frage ich Sie mit aller Eindringlichkeit, kann man heutzutage denn noch vertrauen, *wirklich*, wenn Sie mir gestatten, das einmal in aller

Offenheit deutlich zu machen, denn das ist es doch, was die Öffentlichkeit braucht, Offenheit, denn Offenheit ist ein Grundbaustein der Ehrlichkeit und des Vertrauens, die Öffentlichkeit braucht keine leeren Worte mehr, **denn davon hat sie schon mehr gehört, als sie sich je wird merken können,** denn die Aufmerksamkeit bei langen und unzusammenhängend erscheinenden Reden lässt, so haben Wissenschaftler vor kurzer Zeit in langen und teuren Studien herausgefunden, nach, meine Damen und und Herren, was mich zu der Überzeugung bringt, dass endlich Schluss sein muss mit dem Reden um den heißen Brei herum, *nichts*, und das ist nicht meine persönliche **Meinung, in diesem Punkt stimmen mir nicht nur meine Parteifreunde zu,** die ich alle noch einmal auf das freundlichste hier begrüßen möchte, sowie die Opposition, die natürlich nicht die Feinde sind, wie sie in der Presse immer dargestellt werden, tatsächlich sind nämlich einige von ihnen und ich gute Freunde und gehen abends schon mal einen trinken, aber das wird von der Presse, meine lieben

92

PoliTalkPoliTalkPoliTalkPoliTalkPoliTalkPoliTalk

Journalisten, fassen Sie das bitte nicht als die harsche Kritik auf, als die das jetzt klingen mag, seien Sie auch meiner Gutheißung für Ihre Sache gewiss, nie in dieser Offenheit, die ich so sehr zum Ausgangs-, Dreh-, Angel- und so**gar Wendepunkt meines politischen, lassen Sie mich es ganz offen sagen,** Konzepts, gemacht habe, dargestellt, sondern vielleicht auch Sie, *zu*, denn ohne eine solche Klarstellung aller Details, an denen wir in unseren politischen, ja, lassen Sie mich das noch einmal betonen, in unseren politischen Aktivitäten, die nicht nur für uns, nein, betrachtet man es ganz genau, auch für unser Land und vielleicht sogar für das in diesem Land lebende **Volk von einer gewissen Bedeutung seien könnten, nein, ich möchte diesen** Punkt viel krasser formulieren, wenn Sie mir das gestatten wollen, nicht nur von einer gewissen Bedeutung seien könnten, sondern tatsächlich, und ich möchte das jedem, der mir jetzt lauscht oder diese meine ehrliche und offene Rede am Montag im Spiegel lesen wird, noch einmal in aller Ehrlichkeit und Offenheit zum Ausdruck bringen, ist,

und ist es nicht das, wofür wir alle die ganzen Jahre lang gekämpft haben, wofür Frauen ihre Kinder haben hungern lassen, um in den Trümmern unserer Zivilisation herumzusuchen nach den Überlebenden eines kalten Krieges **ohne jede politische Rechtfertigung, *sagen*, was nicht nur das unveräußerli**che Recht, sondern auch die staatsbürgerliche, ja, ich möchte das sogar noch etwas konkreter formulieren, staatsbürgerliche Pflicht eines jeden und einer jeden ist, die sich hier befinden, um die prallen reifen Früchte vom Baume des Sozialstaates zu pflücken und sie sich schmecken zu lassen, ohne die wir, sehen wir den Tatsachen doch einmal unverblümt in ihre verschleier**ten Augen, hier, in diesem Land, doch nie so weit gekommen wären, dass wir** heute hier an diesem Ort zu dieser Zeit, ich möchte fast sagen, jetzt, so ehrlich und offen, zwei Begriffe, die immer ein Zentralpunkt meines, wenn Sie mir gestatten, Programmes waren, sind und auch bleiben werden auf alle Ewigkeit, miteinander diesen Weg gehen können, in aller Kurzheit und Bündigkeit, denn ich bin Politiker!

93

Falsche Überlieferung des Kölschen Grundgesetzes

Wir mussten bei den intensiven Recherchen für dieses Buch, die in einer kleinen Kneipe am Eigelstein stattfanden, leider feststellen, dass es sich bei dem bekannten „Kölschen Grundgesetz" möglicherweise um eine falsche Überlieferung handelt. Nach weiteren, noch intensiveren Recherchen, die diesmal in einer etwas größeren Kneipe am Chlodwigplatz stattfanden, sind wir dann auf folgende Fassung gestoßen:

Bei der Wahl zu der **Miss Mutig**
Gab's nen Unfall, ziemlich blutig.
Ihre Stimmung wurde bitter
Schlug schnell um in viel Gezitter
Und ihr Mumm ging schnell zur Neige
Denn sie war wohl leider feige!

MISSMISSMISSMISS

Bei der Wahl zu der **Miss Achtung**
Gab's nach längerer Betrachtung
Der den Wahlen eignen Regeln
Die die Wahl der Wahlen regeln
Fünf Wahlen, da dann auch die vierte
Kandidatin alles ignorierte!

Artikel 1

Dom, das ist uns wohl vertraut
Wurd nicht an einem Tag erbaut

Artikel 2

Und spuckst du morgen
auch nur Galle
Trinkste einen, trinkste alle!
(Köbes Gesetz)

Artikel 3

Es liegt im Dom statt König'
oder Luther
Tante Jutta aus Kalkutta
(nach W. Millowitsch)

Artikel 4

Worauf man stets vertrauen kann
Es gibt kein Fleisch im Halven Hahn

Artikel 5

Das „andre Ufer", das ist schick
Nennt in Köln man schlicht
„Schäl Sick"

94

ARTIKEL 6

Verärgerst du den Kardinal
Kommst du vor den Kadi mal

ARTIKEL 7

Beginnst du erstmal wild zu bützen
Musst später dich
        mit Gummi schützen

ARTIKEL 8

Damit keiner unter Feuer leidet
Seid als Nubbel nie verkleidet

ARTIKEL 9

Wäscht eine auch die andere Hand
Dann wird das „klüngeln"
        hier genannt

ARTIKEL 10

Man braucht viel Fründ' und
        auch viel Hätz
Das ist das Kölsche Grundgesetz!

Von ihr haben wir viel erwartet
Dass sie etwas Neues startet
Dass sie echt alles erreicht
Doch dafür hat's wohl nicht gereicht.
Große Enttäuschung für das Volk
War unsere **Miss Erfolg**!

MISSMISSMISSMISS

Ihr Name ist so trügerisch
Ja fast schon ganz betrügerisch
Man denkt, sie sagt zu allem „ja"
Doch nörgelt sie nur, war ja klar,
Drum kommt sie jetzt,
mit großem Schwung
Die Wahl uns'rer **Miss Billigung**!

Eine nüchterne Betrachtung dieser, auf einer
dreckigen Servierte hinterlegten „Dokumente" ergab,
dass es sich dabei möglicherweise um eine Fälschung
handeln könnte. Wir forschen weiter.
Prost!

daZWISCHENseite

De Kölsche Geschicht als Gedicht

1881	1894
Ein „Kölnisch Wasser" wohlbekannt	Ein neuer Hauptbahnhof entsteht
Wird nach ner Hausnummer benannt	Damit es in die Welt raus geht
	„Drehkreuz des Westens", Glaspalast
	Köln hat den Sinn davon erfasst
	Die Welt steht offen, man lädt ein
	Zum Fortschritt sagt die Stadt
	nicht nein

96

Nicht verwechseln

Klagemauer, die
Ort in Jerusalem, an dem viel geklagt wird.

Klagemauer, die
Ort in Köln, über den viel geklagt wird.

Eine Sa ge

Es kam e	in Prinz einst i	n die Stadt
Sagte zu	m Bauern: „W	erdet satt!"
Da lächel	te die Jungfra	u sehr
Und mit d	em Prinz, d	a kam ein Heer
Ein Zug. U	nd auch e	in Barde
Es war de	s Prinze	n Garde
Ein Reite	r kam a	uf einem Pferd
Ein Ritter	zog sei	n großes Schwert
Der Prinz s	agte: „	Aus ist der Krieg!"
Die Spielm	annsle	ut' machten Musik
Dann ist ma	n auf d	ie Knie gesunken
Denn plötzli	ch gab	es rote Funken
Dann hat es w	irklic	h laut gepufft
Und Dinge flo	gen d	urch die Luft
Doch wurd's s	chnel	l wieder helle
Denn was flog,	das w	ar Kamelle!
Der Text oh ne	in, m	an glaubt es nicht
Kam plötzlich a	us d	em Gleichgewicht
und fiel, was ei	ne	Schand war
Für immer ausei	n	ander

„ICH FALLE! VORSICHT STOSSEN SIE NICHT GEGEN DIE WORTE! BUCHSTABEN"

„HILFE...AAAAAHHHH! PASSEN SIE AUF, DA KREUZT EIN TEXT!"

Wie einst die Pyramiden wurde auch der Dom gebaut. Also aus Stein, nicht mit Sklaven oder so was. Weiterer Unterschied: Die Pyramiden sind schneller fertig geworden als der Dom!

Wann wurde der Bau noch mal begonnen? Na? Sie haben's doch eben gelesen. Gut, Sie müssen nicht zurückblättern. 1248 war's. Das können Sie sich übrigens ganz leicht merken: Immer die Zahl verdoppeln, also 1 / 2 / 4 / 8. Auch wenn er damals schon begonnen wurde, so wurde er laut vielen Kölnern bislang noch nicht fertig gestellt. Sie können sich ja mal vor den Dom stellen und zählen, wie viele Gerüste zu sehen sind. Das ist ein guter Hinweis darauf, dass noch immer daran gebaut wird.

1410 war dann ein großes Jahr für den Dom. Nein, er war nicht fertig. Aber immerhin der erste der beiden Türme. Toll, was? Und das ist er bis heute. Kleines Problem bei der Sache: Mit dem zweiten dauerte es dann

Eine etwas längere Geschichte des Domes

noch ein bisschen. Und „ein bisschen" ist ein bisschen gelogen, denn es dauerte noch eine ganze Weile. Bis 1880, um genau zu sein. Sie können sich ja mal ausrechnen, wie lang das so war.

So um 1509 wurde dann ein Kran auf dem bestehenden Turm aufgestellt, damit die Arbeiten schnell weitergehen konnten. Und das ... taten sie aber nicht. Über 300 Jahre lang tat sich rein gar nichts, na ja, in der Welt schon, französische Revolution und so, aber der Dom blieb vor Weiterentwicklungen erstmal verschont. Da stand er also, mit einem Turm und einem Kran, so lange, dass der Kran sogar ins Stadtwappen aufgenommen wurde. Oder aufgenommen werden sollte. Schlagen Sie's selber nach, wenn Sie's interessiert. Es tat sich jedenfalls ... aber das hab ich ja schon gesagt.

1842 fand dann ... keine Sorge, ich bin gleich fertig mit den geschichtlichen Daten. Tschuldigung, ich dachte, den einen oder anderen würde es vielleicht interessieren. Sie können ja zum Schweinkram blättern, den finden Sie im „Karneval", das ist für Sie bestimmt interessanter. Schämen sollten Sie sich was … Ach, egal. Wo war ich? Ach ja, 1842, genau, da fand dann also die Grundsteinlegung zum Weiterbau des Doms statt. Und 1880 – tada! – war er dann offiziell fertig. Wurde jedenfalls so behauptet, aber ich denke, wir wissen alle, dass das nur die halbe Wahrheit ist.

Nichtsdestotrotz (ein Wort, das viel zu selten benutzt wird!), wann auch immer Sie in Köln sind, schauen Sie sich doch den Dom einfach mal an. Gehen Sie rein, genießen Sie die Architektur, die vielen kleinen Details auf der Außenseite, die kunstvollen Fenster. Er ist einfach ein tolles Bauwerk, der Dom, und auch wenn er nie fertig werden wird, so lohnt es sich doch immer, ihm einen Besuch abstatten!

Drei Könige zu Kölle

Kaspar, Melchior, Balthasar
Waren, sagt man, dereinst da
Als man in einem fernen Land
Ein Kind in einer Krippe fand

Man hieß es Heiland und Messias
Davon gibt es noch heute Dias
(Die hat man damals gemalt
Was hat der Heil'genschein gestrahlt)

Sie brachten dem Kind viele Gaben
Das wollt bestimmt ein Fahrrad haben
Doch sollt es Gold und
     Weihrauch kriegen
Das Myrrhe-Zeugs blieb sicher liegen

Die Könige wollte man ehren
Das konnt' man ihnen
     nicht verwehren
Drum hat man, weil sie so bekannt
Kneipen nach ihnen benannt!

Kölsche Persönlichkeit

Teil 1

Man goss sie aus Kanonen
Man gab ihr guten Klang
Man ließ sie oben wohnen
Dort war's, wo man sie hang

Wenn sie mal was gesagt hat
Vernahm man's weit und breit
Auch wenn sie nie geklagt hat
Kam für sie stets die Zeit

Doch als der Tag gekommen
Schmolz man sie wieder ein
Zum Krieg wurd' sie genommen
So musste es wohl sein

Sie hatte keine Locke
Ihr fehlte blondes Haar
Sie war die Kaiserglocke
Doch sang sie wunderbar

Kölsche Persönlichkeit

Teil 2

Ihm gab man einen Namen
Der ist nicht schmeichelhaft
Ganz fern von allen Damen
Steckt er in Einzelhaft

Dort hängt er, das ist bitter
Doch wenn er sich mal traut
Hört man den dicken Pitter
Denn er ist wirklich laut!

+++ **DIE KÖLNER NUBBEL NACHRICHTEN – EILMELDUNG** +++
Nach dem lange Zeit umstrittenen Bau der Kölner Moschee wurde jetzt das Interesse an einem weitergehenden Kulturaustausch bekundet. Kölner Kulturverbände schlugen vor, Karnevalssitzungen jetzt auch in der arabischen Welt einzuführen. Allein dadurch würde verhindert werden, dass der Rosenmontagszug wegen einer karnevalsfremden Aktion – wie zum Beispiel einem Golfkrieg – ausfallen müsste. Befürworter sehen darin einen guten Weg, Kriege in der Welt auf lange Sicht komplett zu verhindern. Kritiker mahnen jedoch, dass sowohl das Alkoholverbot in muslimischen Ländern, ebenso wie die große Hitze, die jegliche Kamelle schnell zum Schmelzen bringen würde, eher einen gegenteiligen Effekt erzielen könnten. Einzig die Tradition des Nubbel-Verbrennens hätte durch die einheimische Tradition des Fahnen-Verbrennens eine Chance, sich durchzusetzen. Der Vorschlag, das Vortragen von Büttenreden dem Muezzin zu übertragen, führte zu schweren Protesten und zum Abbruch der Verhandlungen.
+++ **DIE KÖLNER NUBBEL NACHRICHTEN – EILMELDUNG** +++

Domweißheiten

Der Dom, das ist kein Scheiß
War eigentlich mal weiß
Die Dampflok kam und Zug um Zug
Hatte der weiße Dom genug
Dann gab es Autos immer mehr
Die machten es dem Dom sehr schwer
Ganz schwarz wurd' er vor lauter Hohne
Jetzt steht er in ner Umweltzone!

Der Dom im zweiten Weltkrieg

Warum hat man dich nicht getroffen?
Vielleicht war der Pilot besoffen!
Für so ein Prachtwerk muss das sein
Ein Platz der rahmt dich sicher ein
Ja, so wie deine Türme sprießen
Wie konnt' man nur daneben schießen?

Hat der Schütze gar geschielt?
Oder nicht auf den Dom gezielt?

War das Drumherum zu hässlich?
Fand den ganzen Platz er grässlich
Meinte, ohne Drumherum
Sähst du besser aus – und BUMM!

Majestätisch stehst du da
Ein Bauwerk, einfach wunderbar
Beeindruckt bleibt man vor dir stehen
Man kann dich gar nicht übersehen

Ich möcht die Freude nicht verhehlen
Doch wie nur konnt' man dich verfehlen?

Kurz und Dom

„Für ne Ewigkeit gebaut"
Klingt beim Dom doch ganz vertraut
Was dem Begriff, es tut mir leid
Neue Bedeutung verleiht …

Ein Hoch auf den Dom

Der Dom war, bitte keinen Neid
Das höchste Haus in seiner Zeit
Doch hat man ihm das schnell versaut
Als man den Eifelturm gebaut!

Holzdom

Ein kleiner Dom aus Holz
Da wär' man nicht drauf stolz
Denn den hätt' man geschnitzt
Und dann noch eingeritzt
Und weil man sich so hetzt
Da wär' er fertig jetzt

Glocken-Spiel

Beim Gewitter
Gibt's viel Gezitter
Beim dicken Pitter
Denn für den guten Schall
Ist der ja aus Metall
Drum wär' er sehr betroffen
Würd' er vom Blitz getroffen!

102

Aussichtsreich

Man kann vom Dom
    eine der Spitzen
Besteigen, da kommt
    man ins Schwitzen.
Manchmal, wenn das
    Wetter klar ist
Hat man
    eine tolle Sicht.
Und man sieht Düsseldorf,
    das nah ist
Doch ich glaub',
    das braucht man nicht.

Zwei Vierzeiler

Der Dom hat eine neue Tür
Das hat man mal gewagt
Das Glas geht automatisch auf
… wie in nem Supermarkt!

* * *

Wie hat man nur
    vor tausend Jahren
auf Fortschritt vertraut
Und direkt unter'm
    Kölner Dom
ne Tiefgarag' gebaut?!

De Kölsche Geschicht als Gedicht

1896
Der erste Film wird vorgeführt
Womit nun Köln der Ruhm gebührt
Die erste deutsche Kino-Stadt
Zu sein, da ist man aber platt

1919
So schön ist es, modern zu sein
Köln führt das Frauenwahlrecht ein

Nicht verwechseln

Blütenregen
Viele Blüten, die farbenprächtig
durch die Gegend segeln.

Büttenreden
Viele Worte, die faselprächtig von der Bühne segeln.

15

Manchmal ist das Ergebnis eines Textes das, was beim **Schreiben** herausgekommen ist. Es gibt Texte, die haben eine **Bedeutung**. Und das ist sehr schön für sie, denn dann können sie, wenn sie andere Texte treffen, damit angeben. Manche **Tex-**

Duda – Das Ziel ist weg

te stehen aber einfach nur da und sehen gut aus. Trauen Sie sich, sie mal anzusprechen. Der **Dudaismus** ist eine Stilrichtung, die eigens für dieses Buch erfunden wurde. Aber keine **Sorge**, er kostet nichts extra! Lesen Sie die Texte, und wenn Sie eine tiefere Bedeutung vermissen, dann sind Sie schon lange im falschen **Buch**!

104

Aktienkäuferhauptzentralen
kleine Krebse, leere Schalen-
tiere, Ver- und Einkaufsboom
wir kriegen Sie mit Werbung rum.
Rabattmarkenentwertungsstellen
sichern dabei einen schnellen
Ablauf, auch von Schalentieren,
die bei Hitze kräftig frieren,

Es ist angerichtet

kommen, wie sie sind ganz frisch
auf den breiten Ladentisch
dann in Mixer und Friteusen
Haken lösen sich und Ösen
und dabei auch Aktionäre
lösen sich von ihrer Schwere
schweben weit hinaus ins All
plötzlich gibt's nen Riesenknall

die Börse kracht, die Krebse auch
das ist nunmal so Krebsebrauch
versuchen sich dennoch mit Scheren
ihrer Panzer zu erwehren
doch sie ham nichts ausgerichtet
dafür sind sie angerichtet
lecker zubereitet fein
auf dem Tisch, so muss es sein.
Ihr Wille war nun ganz gebrochen,
ihr Panzer auch, sie köstlich rochen
Doch die sie aßen, keine Scham
warn von Stund an ziemlich arm
und blieben's bis zu ihrem Tod
und aßen Krebs zum Abendbrot
Merke: Liegt deine Aktie auf dem Teller
rutschen die Krebse in den Keller,
das Sprichwort hat sich oft bewährt
– mag sein, es gilt auch umgekehrt!?

Elfter Elfter Elf Uhr Elf

Elfter Elfter Elf Uhr Elf
Alter Markt Kostüme Trinken
Feiern In Die Kamera Winken
Elfter Elfter Elf Uhr Elf
Kölsch Gesänge Tradition
Karneval Beginn Session
Elfter Elfter Elf Uhr Elf
Festlich Stadt Gefüllt Sehr Bunt
Seemann Nonne Cowboy Hund
Elfter Elfter Elf Uhr Elf
Bützje Tanzen Trinken Schunkeln
Lachen Singen Und Gut Munkeln
Elfter Elfter Elf Uhr Elf
Altstadt Kneipen Kippen Rauch
Bühne Menschen Fastnacht Brauch
Elfter Elfter Elf Uhr Elf
Freunde Freude Wunderbar
Elfter Elfter Jedes Jahr

Dreikönigskläffen

„Einer geht noch, einer geht noch rein"
Rief der Mann und ging zum Schrein
Wollt reintun, wie adrett
Ein weiteres Skelett

Doch sagte man ihm kurzerhand
„Du Mann, hast du denn kein Verstand?
Das hat doch ehrlich keinen Sinn
Es sind doch Könich schon drei drin!"

Da würd' ein vierter doch nur stören
Man würde Klagen ständig hören
Drum aßen sie den vierten auf
Es steht ja auch „Dreikönig" drauf!

Viel Harmonie

Läuft man über ein Dach
Macht das wahrscheinlich Krach
Doch was für ein Genie
Hat die Philharmonie
Unter nem Platz gebaut?
Und das ist jetzt zu laut!
Drum sperrt man, ach wie schlapp
Den Platz beim Konzert ab!

Altstadt

Kölner kommen selten her
Sie ist für Touristen mehr
Kleine Kneipen, kleine Gässchen
Viele Kölsch in vielen Fässchen

Man kann durch die Gassen gehen
Und man kann Geschichte sehen
Tünnes und Schäl auf einem Platz
Millowitsch, der alte Schatz

Hänneschen Theater auch
Stabpuppen, welch schöner Brauch
Und, das wär auch sonst zu schade
Der Rhein mit seiner Promenade

Hier sieht man die Schiff' passieren
Hier kann man ganz schön flanieren
Rheinbrücken zu beiden Seiten
Köln, das bietet schöne Zeiten

Vom Blick auf jene grünen Auen
Einmal kurz zurück jetzt schauen
Die Altstadt liegt im Sonnenschein
So lädt Köln seine Gäste ein

Alt Stadt

Kölner kommen hier nicht her
Das fällt ihnen gar nicht schwer
Will man die Stadt
    mit Alt verschandeln
Kann sich's um Düsseldorf
    nur handeln

Kölsche Weisheit

Trink dein Kölsch
    so lang es kalt
sonst steht es rum
    und wird noch Alt!

Kölsche Unweisheit

Kölsch, da kann man jeden fragen
Hilft den Karneval ertragen!

Kölsch!

Obergärig
Dich begehr ich!

Trinkstiefel

Trinkst du was,
    dann bist du was
Trinskt du zluviel,
    dnan wirst du blass
Trniskt du noinen,
    dnna nru mti Hlaunken
Tsknirt du gnugeg,
    dna wrist ud trebunken

106

Dei Rckükehr dre Fipptehler

Uas dme Reihn stietg iene Frua
Irhe Huat dei sit gnaz blua
Sei komtm na Ladn udn lälchet wamr
Eni Mnan nimtm sei gliech nid ne Amr

Dei Lorelie, sei sit zurckü
Wsa sit dsa frü eni gorßes Glckü
Vomr Dmo steth sei udn bilckt hinuaf
Drie Knönige, sei stehne uaf

Gefeiret wrid dei Rckükehr ejzt
Dafrü gitb se eni gorßes Fets
Dsa Klösch fließt unn ni ruane Megnen
Mna msus sihc druch dei Straßne drägnen

Dei Klösche Schpoorch, dei wra vreschwudnen
Mna hta sei nihct mher gtu gefudnen
Vrestadnen hta mna sihc nihct mhre
Drmu mutsse iene Lösnug hre

Ma Mogren, asl dei Statd rewacht
Hta Lorelie irh Wekr vllobracht
Ni Klön hta mna sihc weider leib
Dsa sit ien Schazt, dre ewgi bleib

107

Bruchstabensuppe

Sonne schien mir ins Gedicht
und ich begann mit dem Gesicht.
Ein Fehler – kein Grund sich aufzulegen
Oder beim Telefonieren gleich aufzuregen

Ich möchte ja viele Bereiche ablecken
oder die schmutzigen Löffel abdecken
die sind ja noch gut, die kann man verticken
oder teuer an Leute verschicken.

Vielleicht sollte ich mich besser verwalten
und die Löffel doch lieber verhalten
ach, ich will nicht so früh aufgehen
Kann denn der Teig nicht schneller aufstehen?

Hab ich ihn zu lang gerüttelt?
Hat jemand an der Tür geschüttelt?
Nein, jetzt ist die Milch gewonnen.
Damit ist doch nichts geronnen!

Nur Spaß, ich hab' mir's nur ausgelacht
Oder ham Sie mich ausgedacht?
Die Antwort werd ich mal ertragen
Ich weiß, das ist schwer zu erfragen!

Philbahnmonie

Man soll jetzt schneller fahr'n
Drum baut die Kölner Bahn
Extra zu diesem Zwecke
Ne völlig neue Strecke

Das bringt für kürz're Zeit
So manche Schwierigkeit
Fährt doch die Bahn so 1-2-3
An der Philharmonie vorbei

Fahrgäste war'n gestört
Weil man die Musik hört
Die ist, das klingt vertraut
Der Bahn einfach zu laut

Man hat sich da beschwert
Deshalb wird ein Konzert
Kommt wieder eine Bahn
Unterbrochen – welch ein Wahn!

Wahlfang

Sie wollen keine schmierigen
Korrupten und geldgierigen
Jederzeit nur renitenten
Sicher auch inkompetenten
Völlig egoistischen
Teilweise auch faschistischen
Selten wohl betrogenen
Meist jedoch verlogenen
Politiker mehr wählen?
Dann sollten Sie sich nicht mehr quälen
Dann sagt Ihnen jetzt dies Gedicht:
Wählen Sie doch einfach nicht!

+++ DIE KÖLNER NUBBEL NA
Sport. Der Kölner Geißbock Hen-
Fußball-Maskottchen zum belieb-
gewählt. In der Jury befanden
Bobbi Bolzer, die graue Maus
das Wildschwein vom Karlsru-
Kartoffelkäfer von Allemannia
als Fiffi, der Adler vom SC Preu-
vom SC Paderborn 07 zu verna-
wurde damit aus der Welt ge-
dil vom VfB Stuttgart, einfach
+++ DIE KÖLNER NUBBEL NA

Karnevalsumtrieb

Strüßje, Bützje, Kölsch und Prost,
Karneval, da ist was los.
Masken, Schminke, Gumminasen,
Cowgirls, Nonnen, heiße Hasen,

Kneipen, Kölsch und laute Lieder,
Prosten, Trinken, immer wieder.
Freunde, Treffen, Wiedersehen,
Saufen, Rauchen, Pinkeln gehen,

Kälte, Rosenmontagszug,
Frieren, Feiern und genug.
Nubbel brennt an einem Masten,
Ende Karneval – jetzt fasten!

Verreimt und zugenäht

Hätt' ich eine Schüssel Torf
Spielte man in Brüssel Orff
Hing an einem Rüssel Schorf …
Dann gäb's auch mehr zu Düsseldorf!

***

Dafür reimt sich auf Kölle
Leider nur die Hölle …

***

Schwierig reimt sich's auch auf Köln
Vielleicht: „Wir ham nichts zu verzölln"?
Man geht so richtig in die Völln
Und hat nen Abend, einen tölln
Kauft einen Wagen, einen ölln
Und als die Kirchenglocken schölln
Kann man sich noch zur Seite rölln
Auch wenn wir auf Köln reimen wölln
Ist das etwas, was wir nicht … sölln!

109

CHRICHTEN – EILMELDUNG +++
nes wurde jetzt von anderen
testen Maskottchen des Jahres
sich u.a. berühmte Figuren wie
vom Vfl. Bochum, Willi Wildpark,
her SC und natürlich Al-Aix, der
Aachen. Zu einem Eklat kam es,
ßen Münster Holli, die Maus
schen versuchte. Das Problem
schafft, dass Fritzle, das Kroko-
beide fraß. Sport ist eben Mord.
CHRICHTEN – EILMELDUNG +++

Der Teufel beim Friseur

Der Teufel ging zum Friseur
Für den war die Arbeit schwer
Denn die Hörner waren im Weg
So schnitt er die Haare schräg

Dem Teufel schien das nicht zu gefallen
Er ließ seinen Huf auf den Boden knallen
Und schimpfte laut vor sich hin:
„Na wissen Sie eigentlich, wer ich bin?

Ich bin der Teufel, bin Beelzebub
Ich hab von diesem Verhalten genug
Ich bin, hör mir gut zu, du Bengel
Ich bin nicht nur ein gefallener Engel!

Ich war mit dem Schöpfer einmal per du
Doch dann, unser Verhältnis, ja nu
Das ist in letzter Zeit sehr gespalten …
Und doch muss ich mir so ein Verhalten

Von Ihnen hier nicht gefallen lassen.
Auch wenn Gott mich hat fallen lassen
Und ich seit damals das Böse erschaffen
Mach ich mich hier doch nicht zum Affen!

Der Teufel beim Friseur

Kölnsonanten

N Kln m Rhn
Gb s n Schwn
S trnk ds Wssr
Wrd nssr
Wrf nch nn Blck
F dn Dm zrck

Dnn schwmm s bs zr Lrl
S fhlt sch db shr fr
Ntrlch km's n Bnn vrb
Dch wr hm ds whl nrl

Ls dr Krnvl dnn km
Ds Schwn wdr bschd nhm
Dnn Fstlvnd lbt s shr
Nd frt jds Jhr nch mhr
Dch dsml knn s ds vrgssn
Dnn s wrd n Bnn ggssn

110

Der Teufel beim Friseur

Halten Sie mich etwa für einen Toren?
Sie könnten schon bald in der Hölle schmoren
Und da werden Sie ganz sicher sehr leiden
Denn da werde ICH Ihre Haare schneiden!"

„Es tut mir leid", sagte da der Friseur.
„Ihr Haarschnitt ist ein echtes Malleur!
Ihre Hörner stören da einfach zu sehr.
Warten Sie mal, ich nehm' mal die Scher!"

Nun gab der Friseur sich richtig Mühe
Schnitt dem Teufel in aller Frühe
Eine Frisur wie Elvis sie trug
Doch das war dem Meister noch nicht gut genug

Er machte ihm eine richtige Tolle
Der Teufel war davon direkt von der Rolle
Stolzierte vorm Spiegel auf und auch ab
Und sagte anschließend nur noch ganz knapp:

„Einen wie Sie könnt ich sehr gut gebrauchen!"
Der Teufel begann aus den Ohren zu rauchen.
„Ich brauche so ein Genie wie Sie,
Das heißt: In den Himmel kommen Sie nie!"

Der Teufel beim Friseur

Leisgedicht

Fast N. Looh Wänd
Loih T. to Band
Car ne Wahl
Nicht Bahn Aal

O de Ko Lohn
Au F. dehn s On
Kamel le Fliegen
Wilma Kriegen

Mensch N. Massen
Anden Strassen
Ha Ben Schp Ass
So Mark Mandas

111

Mein Kölsch is leer, wer is dat Schuld?
Nubbel, Nubbel!
Das Zahl'n fällt schwer, wer is dat Schuld?
Nubbel, der is Schuld!

Die Bahn 's zu spät, wer is dat Schuld?
Nubbel, Nubbel!
Dick trotz Diät, wer is dat Schuld?
Nubbel, der is Schuld!

Er ist schuld daran
Drum zünden wir ihn an
Für unsre Sünden brennt er schon
So ist das Tradition!

Die Frau ist weg, wer is dat Schuld?
Nubbel, Nubbel!
Dann platzt der Scheck, wer is dat Schuld?
Nubbel, der is Schuld!

Ne schwang're Frau, wer is dat Schuld?
Nubbel, Nubbel!
Es gibt nen Stau, wer is dat Schuld?
Nubbel, der is Schuld!

Er ist schuld daran
Drum zünden wir ihn an
Für unsre Sünden brennt er schon
So ist das Tradition!

Den Bus verpasst, wer is dat Schuld?
Nubbel, Nubbel!
Das Geld verprasst, wer is dat Schuld?
Nubbel, der is Schuld!

Kein Parkplatz da, wer is dat Schuld?
Nubbel, Nubbel!
So gar nix klar, wer is dat Schuld?
Nubbel, der is Schuld!

Nubbels Abgesang

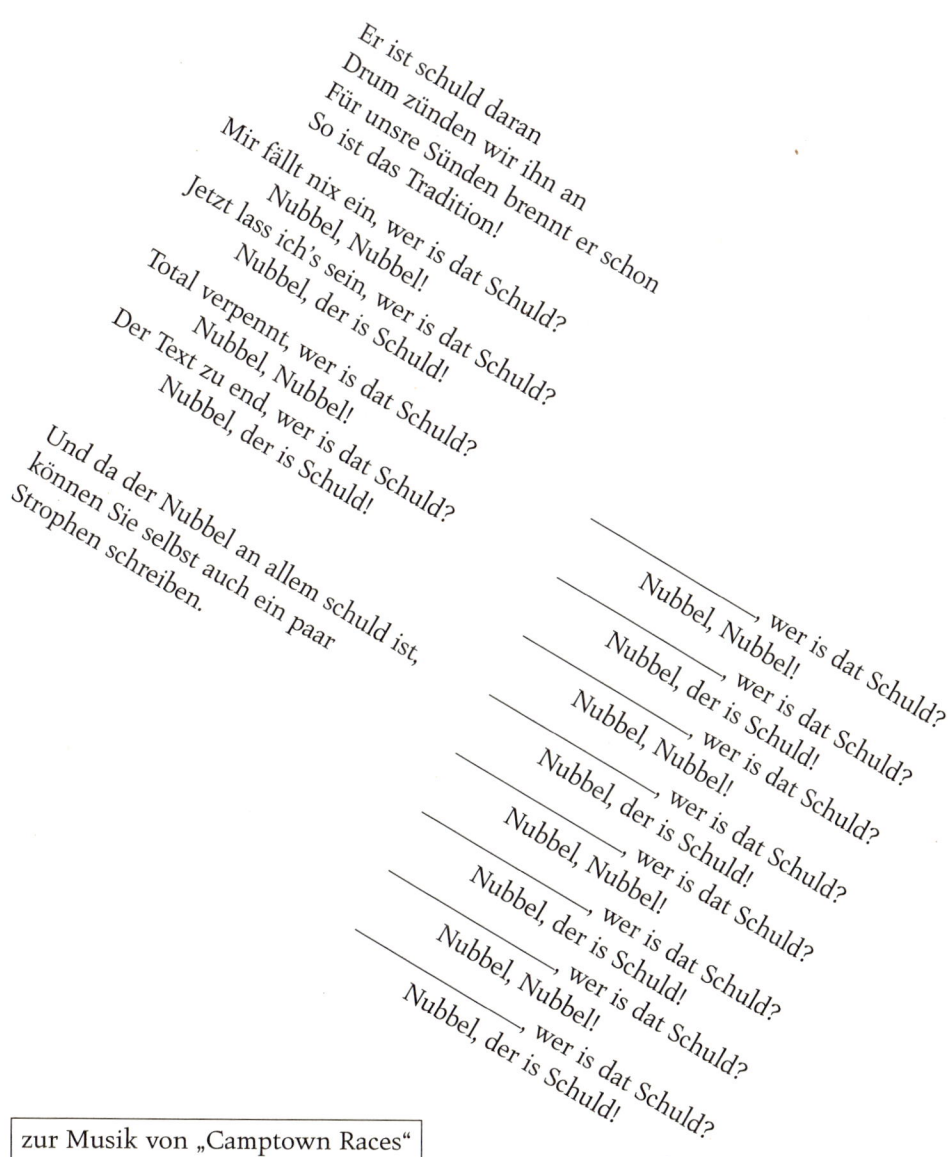

Er ist schuld daran
Drum zünden wir ihn an
Für unsre Sünden brennt er schon
So ist das Tradition!
Mir fällt nix ein, wer is dat Schuld?
Nubbel, Nubbel!
Jetzt lass ich's sein, wer is dat Schuld?
Nubbel, der is dat Schuld!
Total verpennt, wer is dat Schuld?
Nubbel, Nubbel!
Der Text zu end, wer is dat Schuld?
Nubbel, der is Schuld!

Und da der Nubbel an allem schuld ist,
können Sie selbst auch ein paar
Strophen schreiben.

———, wer is dat Schuld?
Nubbel, Nubbel!
———, wer is dat Schuld?
Nubbel, der is dat Schuld!
———, wer is dat Schuld?
Nubbel, Nubbel!
———, wer is dat Schuld?
Nubbel, der is Schuld!
———, wer is dat Schuld?
Nubbel, Nubbel!
———, wer is dat Schuld?
Nubbel, der is Schuld!
———, wer is dat Schuld?
Nubbel, Nubbel!
———, wer is dat Schuld?
Nubbel, der is Schuld!

113

zur Musik von „Camptown Races"

daZWISCHENseite

De Kölsche Geschicht als Gedicht

1929	1949
Europas größte Hängebrück'	Es wird nun mit Stolz verkündet
Gibt es nicht in Osnabrück	Dass die BRD gegründet
Auch nicht in Berlin	Und, wir werden noch genauer
Oder gar Stettin	Kanzler wird der Adenauer
Sondern hier daheim	Und der ist ein echter Meister
In Kölle, in Mülheim	Denn er war Kölns Bürgermeister

114

Nicht verwechseln

Millowitsch
Urgestein und gesuchter Schauspieler.

Milosewitsch*
Ungeheuer und gesuchter Kriegsverbrecher.

* Kölsche Schreibweise für „Milošević"

De Kölsche Geschicht als Gedicht

Dadatum

Nein, hier gibt es nichts zu sehen

Hier könnt' Ihre Werbung stehen!

1991

Ein schlimmer Krieg

mit Konsequenzen

Überschreitet viele Grenzen

In Köln fällt durch ihn,

welch ein Graus

Dieses Jahr Karneval aus

Nicht verwechseln

Brings

Aufforderung, jemandem etwas zu bringen.

Brings

Kölner Band.

16

Ein Krimi in 459 Worten

Dom
Sonnenaufgang
Himmel
Rötlich
Wolken
Brise
Leicht
Salzig
Rheinauen
Möwen
Außenborder
Brandung
Rauschen
Wind
Angler
Fangnetze
Einholen
Zigaretten
Gespräche
Lachen
Netze
TOTER!

Rheinufer
Kommissar
Verschlafen
Übellaunig
Boote
Angler
Fangnetz …
Leiche!
Unvollständig
Arm
Fehlt
Bein

116

Fehlt
Wunde
Zackig
Anblick
Unangenehm
Ursache:
Schiffsschraube
Todesursache:
Schusswunde
Kaliber?
Vierundvierzig!
Mord?
Selbstmord?
Unfall?

Leichenschauhaus
Obduktion
Mageninhalt:
– Krabben
– Kaviar
– Toast
– Champagner
– Wodka
– Viagra
Tathergang:
– Schuss
– Schraube
– Tot?
Nein!
– Schraube
– Schuss
– Tot!
Mord!!!
Spurensuche …

Wohnung
Opfer
Abschiedsbrief?
Keiner
Hinweise?
Anrufbeantworter
Nachrichten
Drei
Geliebte:
– Liebesbeziehung
– Ende
Geschäftsfreund:
– Geschäftsbeziehung
– Ende
Unbekannter:
– Leben …
– Ende!

Treppenhaus
Wohnungstür
Klingel
Warten
Geliebte
Verschlafen
Müde
Erklärung
Überraschung
Erschrecken
Schluchzen
Heulen
Zusammenbruch

Tränen
Schniefen
Fragen:

– Anrufbeantworter
– Drohung?!
Nachdenken
Idee:
Ex-Freund!
Betrogen
Verärgert
Sauer
Drohbriefe

Bootshaus
Ruderboot
Ex-Freund
Verdächtig
Verhaftung
Verhör!

Zimmer
Dunkel
Lampe
Blendend
Stuhl
Hart
Verdächtiger
Blond
Klein
Dürr

„Verdächtig?
Ich?
Aber …"
Freundschaft!
Anrufe?
Nachts?
Böse?
Hass?
Motiv!

„Okay …"
„Was?"

„Naja …"
„Hmm?"
„Saukerl!"
„Bitte?"
„Freundin …"
„Ausgespannt?"
„Ja."
„Stinkig?"
„Richtig!"
„Mord?"
„Niemals!"
„Wieso?"
„Feige?!"
„Alibi?"
„Keins!"
„Aha."
„Moment …"
„Nun?"
„Also …"
Belastungszeuge!

Rhein
Segelboot
Geliebte
Verdächtig
Verhaftung
Verhör!

Präsidium
Büro
Schreibtisch
Schreibmaschine
Verdächtige
Klein
Zierlich
Schlank
Hübsch
Brünett
Nervös

Weinen
Alibi?
Keins!

„Verdächtig?
Ich?
Aber …"
Liebe!
Eifersucht?
Geldmangel?
Ausnutzen?
Motiv!

Rückblende:
Restaurant
Kerzen
Kristallgläser
Eiskübel
Musik
Geigen
Flirt
Lächeln
Haarsträhne
Gesicht
Finger
Zart
Sinnlich
Lippen
Zärtlich
Kuss
„Zahlen!"
Rechnung
Kreditkarte
Gesperrt
Verwirrung
Wut
Aufstehen
Überstürzt
Zornig

117

Getränk
Hand
Schütten
Hose
Nass

Kopfschütteln!
Missverständnis!
Vergangenheit!
Lebenspartner!
Vielleicht …
Geschäftsfreund!

Yacht
Modern
Weiß
Kühl
Geschäftsmann
Groß
Kahl
Dicklich
Freundlich
Händeschütteln
Platznehmen
Sekretärin
Getränke
Tod?
Oh!
Wie …?
Wieso?

„Verdächtig?
Ich?
Aber …"
Geschäftspartner!
Unzuverlässig?
Hinterziehung?
Betrug?
Motiv!

Alibi?
Nachdenken
Kaugummi
Kopfkratzen
Schulternzucken
Keins!

Verdächtige:
Drei
Motive:
Drei
Alibis:
Keine
Spuren:
Keine
Ideen:
Keine …
Schritte:
Entspannen!

Vorhänge
Rot
Geschlossen
Licht
Gedimmt
Reizwäsche
Sexy
Slip
Hauchdünn
BH
Durchsichtig
Seidenstrümpfe
Aufgerollt
Aufreizend
Lippen
Brüste
Küssen
Saugen
BALKEN

SCHWARZ
ZENSIERT
SEX!

Präsidium
Büro
Zigarette
Qualm
Fenster
Geschlossen
Husten
Telefon
Klingeln
„Ja?"
„Ich …"
„JA?"
„Angst!"
„Wieso?"
„Weil …
Also …"
„Was?"
„Mann
Boot
Wasser …
Tot!"
„Ja!"
Zeuge!

Assistent
Klopfen
„WAS?"
„Verdächtige?
Hier?
Nachher?
Bestellt!"
„Oh!"
„Nun?"
„Abbestellen!"
„Warum?"

118

„Augenzeuge!"
„Wann?"
„Heute.
Abends!"

Später
Spur
Heiß
Zeuge
Altstadt
Gasse
Eng
Dunkel
Pfütze
Uringeruch
Plätschern
Geräusch
Umdrehen
Plötzlich
Faust
Schmerz
…
Dunkelheit!

Nacht
Stadtwald
Lichtung
Stille
Schuss
Leiche

Hund
Bellen
Wanderer
Schock
Angst
Handy
Hilfe!

Morgen
Auge
Blau
Gesicht
Grimmig
Stimmung
Mies
„Chef?"
„Hmm!"
Nachricht
Schlecht
Fuß
Glastür
Scherben

Polizei
Martinshorn
Leute
Absperrungen
Spurensicherung
Kommissar
Skeptisch
Mord?
Tatwaffe?
Verschwunden
Zeugen?
Keine
Selbstmord?
Ausgeschlossen!
Spuren?
Einige
Füße
Mehrere
Spaziergang
Pause
Zigarette
Auseinandersetzung
Kampf
Kopfschuss

Wer?
Freunde?
Bekannte?
Unbekannte?
Leiche:
Zeuge!

Tatort:
– Boden
– Weich
– Fußspuren
– Männlich
– Tief
– Weiblich
– Tiefer
– Stöckelschuhe
– Eingesunken

Gerichtsmediziner
Obduktion
Kopf:
– Lippenstift
– Schmauchspuren
Durchschuss?
Steckschuss!
Kaliber?
Vierundvierzig!
Fingerabdrücke?
Fehlanzeige!

Kommissar
Idee
Lächeln
Auflösung?
Theorien?
Vorschläge?
Ihre
Aufgabe!

119

17 | **Drei Lieder** | **Moderner Liedtext**

An dieser Stelle sollte ein kurzes Vorwort stehen, warum hier drei Lieder folgen. Das ist sehr wichtig, damit die Leser verstehen, warum ich die Texte mit in das Buch aufgenommen habe, obwohl die ja mit Köln eigentlich nix zu tun haben, außer, dass sie hier geschrieben wurden. Ah, noch besser, irgendwas aus den Fingern saugen, warum die unbedingt einen Bezug zu Köln haben und so. Da fällt mir schon was ein. Oh Mann, ich hoffe, ich vergess das nicht.

120

Mmmmmmmmm
U- U- U- U- U- U- U-
ssssssssssssssssss
IK- IK- IK- IK- IK- IK- IK-

`M-`M-`M-`M-
AH- CHT-
AH- CHT-
AH- CHT-
AH- CHT-

G- G- G- G- G- G- G- G-
EHHHHHH
Le- Le- Le- Le- Le- Le- Le- Le-
DEEEEEEE

IHN-IHN-IHN-IHN-IHN
HA HA HA
La la la
T- T- T- T- T- T- T- T-

IS- IS- IS- IS- IS- IS- IS-

FÜ- FÜ- FÜ- FÜ- FÜ-
RrrrrrRRRR
N- N- N- N- N-

AR- AR- AR- AR- AR-
Schschschschsch!

Text für Lied

1. Strophe 1. Strophe 1. Strophe
Sozialkritischer Inhalt
Irgendwas gegen Gewalt
1. Strophe 1. Strophe 1. Strophe

5. Strophe 5. Strophe 5. Strophe
Lieber hier nicht zuviel bringen
Gleichen Text noch einmal singen
5. Strophe 5. Strophe 5. Strophe

Refrain Refrain Refrain
Muss gut klingen
Zum Mitsingen
Refrain Refrain Refrain

Refrain Refrain Refrain
Kennt man ja schon den Refrain
Refrain Refrain Refrain
Schön Mitsingen den Refrain

2. Strophe 2. Strophe 2. Strophe
Irgendwas für die Kultur
Irgendwas stark pro Natur
2. Strophe 2. Strophe 2. Strophe

6. Strophe 6. Strophe 6. Strophe
Hier hab ich den Text vergessen
Viele haben nichts zu fressen!!!
6. Strophe 6. Strophe 6. Strophe

3. Strophe 3. Strophe 3. Strophe
Etwas über dumme Bazis
Etwas gegen dumme Nazis
3. Strophe 3. Strophe 3. Strophe

Refrain Refrain Refrain
Und so weiter ja Refrain
Refrain Refrain Refrain
Singt mal wieder den Refrain

Refrain Refrain Refrain
Muss gut klingen
Zum Mitsingen
Refrain Refrain Refrain

7. Strophe 7. Strophe 7. Strophe
Mach noch einmal das Bekannte
Und am Schluss ne Schlusspointe
7. Strophe 7. Strophe 7. Strophe

4. Strophe 4. Strophe 4. Strophe
Armut macht sich auch stets gut
Öl gekauft mit armem Blut
4. Strophe 4. Strophe 4. Strophe

Refrain Refrain Refrain
Nun das ganze gut beenden
Musik ganz langsam ausblenden
Refrain Refrain Refrain

121

Wieder holen

Man kann lange Texte machen, wenn man
wenn man, wenn man, wenn man
ja, wenn man, meine Lieben,
wenn man, oh, wenn man
wenn man, wenn man, wenn man
einfach oft was, oh ja, einfach,
einfach, einfach, einfach, einfach,
oft was, oft was, oft was, oft was, oft was …
oft was wiederholt!

Das funk- funk- funk-
Ja das funk- funk- funk-
Oh das funk- funk- funk-
Ja das funk- funk- funk-
tioniert bei Liedern, oh ja, bei Liedern,
Ja, Baby, das funktioniert bei Liedern,
immer wieder.

Man wiederholt einfach noch mal
Man wiederholt einfach noch mal
Man wiederholt einfach noch mal
Man wiederholt einfach noch mal
Man wiederholt einfach noch mal
Man wiederholt einfach noch mal
Man wiederholt einfach noch mal
Noch mal, noch mal, noch mal!

Das klappt gut gut gut,
das klappt gut gut gut
geht sehr gut gut gut
geht ins Blut Blut Blut
tut ganz gut gut gut
wenn man sowas wieder singt
sowas immer wieder singt
all das dann noch einmal singt
weil das einfach bekannt klingt.

Aber, meine Lieben Kleinen,
aber, meine Lieben Kleinen,
aber, meine Lieben Kleinen,
Oh ja, meine Lieben Kleinen,
bei Gedichten, tja, bei Gedichten
bei bei bei bei bei Gedichten
oh ja, bei einem Gedicht
funktioniert das leider nicht!

122

De Kölsche Geschicht als Gedicht

2005

Ein deutscher Papst, das ist lang her
Und Deutschland freut
sich drüber sehr
Papst Benedikt, so muss das sein
Kommt auch nach Köln –
über den Rhein

2012

In diesem Jahr, was manchen quält
Wird immer wieder neu gewählt
Und lebt man stets in Saus und Braus
Dann gehen Krisen niemals aus
Beim Euro wird nun viel geweint
… und dieses kleine Buch erscheint!
Drum lesen Sie es unbedingt,
Wer weiß schon,
was die Zukunft bringt …

Wicht verdrechseln

Kategorie, die nur aufgrund eines schwachen Wortspiels ins Buch aufgenommen wurde, sonst aber weder einen Zweck erfüllt, noch einen Sinn ergibt.

Nicht verwechseln

klüngeln (Westf.)
Anderes Wort für „trödeln".

klüngeln (Köln)
Eine Art verharmlosende Mischung aus Vetternwirtschaft und Korruption.

18

Zum Schlusssss

Damit sind wir auch schon so gut wie **am Ende**. Es war **sehr schön** mit Ihnen, schauen Sie mal wieder rein. Und **streicheln Sie** die Seiten, das hab ich ganz gerne. Ja, genau so, aaaaahhhhhhhhhh!

Also, machen Sie **es gut**. Es hat mir **viel Spaß** gemacht, Zeit mit Ihnen zu verbringen. Hier noch ein kleiner **Tipp**, wie Sie die Wirkung dieses Buches noch erhöhen können. Dazu empfehlen wir Ihnen, die Texte **laut zu lesen**. Und das ist noch lustiger, wenn Sie sich dabei gerade in der **U-Bahn** oder im **Dom** befinden – wenn auch nicht für Sie!

Machen Sie's **gut**!
Bis bald
Ihr **Buch**

Rheingefallen

Einst saß ich auf ner Wiese,
schrieb Gedichte vor mich hin
Da fiel ganz plötzlich
ein Schatten auf mich hin

So sah ich hoch und sah sie an
Und stellte fest, sie ist kein Mann
Im Gegenteil, denn sagt man Frau
Dann trifft auch das sie nicht genau

Ihr Anblick ist kaum zu beschreiben
Würd' in jedermanns Erinn'rung bleiben
Schlanke Fesseln, braune Haare
Tiefe Augen, wunderbare
Gerade Zähne
Und was sag ich, eine Mähne

Kurz: dieses Wesen war es wert
Zu lieben – leider war's ein Pferd!

Laut Maler

Er spielte die Laute leise
Auch hörte er Laute leise
Doch je leiser er die Laute spielte
Umso lauter wurde leis' getuschelt
Und während er leise Laute erzielte
Lautete 's Urteil: Genuschelt

Kleinigkeiten

Da war dieser kleine Mann,
Zog zu große Sachen an.
Ist zu groß, sagte man ihm,
Er, zu klein, verschwand darin.
Fand die großen Sachen schön,
Ward seitdem nicht mehr gesehn.

124

Duelle mit Dichtern

Der Dichter, angetrunken, in der Schenke
Meint, dass viel zu viel er denke,
Drum glaubt er, 's sei nur Phantasie,
Als einer meint: »Ich kenne Sie!« Er denkt sich nichts dabei im Suff,
'Gleich kommt der Köbes und macht »puff«
Und weg ist dieser Ehrenmann.'
»Sie haben meine Ehr beschmutzt!« Doch dieser starrt ihn weiter an.
»Da ham Se sich herausgeputzt!«
So lallt der Dichter angetrunken,
Wär' fast die Thek' hinabgesunken,
Beginnt zu lachen und zu prusten
Und muss zu guter Letzt auch husten. Doch als er sich die Augen reibt,
Erkennt er, dass der Ärger bleibt.
Ein Fehler war es, laut zu lachen
Gar grimmig glotzt jetzt die Visage. Und so den anderen wütend machen.
'Ich hätte da noch eine Frage',
Denkt der Dichter, 'das wär' besser,
Doch besser wär's, ich hätt' ein Messer!' »Sie haben lang genug gezecht,
Jetzt wird erstmal die Ehr gerecht.«
Der Ehrenmann reicht die Pistole.
»Kann sein, dass ich mich wiederhole,
Doch warum fordern Sie mich raus?«
»Ihr habt mein Weib im Lied besungen, So denkt der Dichter und spricht's aus.
Es ist zu mir nun durchgedrungen,
Und wenn der Hahn am Morgen bellt,
Ein Schuss, die Ehr ist hergestellt.« »Hähne bellen nicht, sie krähen,
Sah mich denn irgendjemand mähen
Bei Eurer Frau das holde Stroh?«
Weil das nämlich ein andrer war, »Nein.« »Da bin ich aber froh!
Jetzt wisst Ihr's, ist's nicht wunderbar?
Ich kann, ganz ehrlich, gar nicht singen,
Muss anderweitig mich verdingen.

125

Doch ich entschuld'ge Eure Wut,
Gebt mir was aus, dann ist es gut.«
Der Ehrenmann will es nicht glauben,
Er schreit ihn an wie einen Tauben:

»**Vergeltung; Morgen; In der Früh!**«
»Ich komm nicht, macht Euch keine Müh!«
»Dann werde ich Euch hier erschießen.«
»Ach bittschön, lasst Euch nicht verdrießen,
Am Morgen lieber, gute Nacht.«
»Und eine Waffe mitgebracht!«

Der Kölner Dom im Mondenschein,
Der Dichter grübelt über's Sein,
Er denkt was wäre oder würde,
Und all das wegen Ehr' und Würde.

Er blickt hinunter auf den Rhein
'Muss das denn alles wirklich sein?'
Fragt er sich leise vor sich hin,
'Dass ich am Morgen schon tot bin?
Bestimmt werd ich dann umgebracht!'
Er schläft sehr schlecht in dieser Nacht!

* * *

Der Morgen graut, am Waldesrand
Steh'n Ehrenmann und Sekundant,
Die Waffen sind gereinigt, blank,
Ihr Anblick macht den Dichter krank.

'Was soll's', denkt der, 'ist nicht für lange,
Vorm Tod hab ich jetzt keine Bange,
Was ist er im Vergleich zum Leben?
Vielleicht schießt er ja auch daneben?'

Die Waffen blinken in der Sonne,
Der Anblick schon ist eine Wonne,
Beim morgendlichen Hahnenschrei
Sind Ehr und Dichter voll dabei.

Rücken an Rücken, dann schreiten sie los,
Zehn Schritte trennen sie jetzt bloß
Vom sicheren Tod, man ist verkatert,
Die Sonn' im Auge ganz schön matert.

Und dieses Unwohlsein im Magen
Ist heute kaum noch zu ertragen,
Der Dichter wollt es schon verschieben,
Der Ehrenmann ist dabeigeblieben.

126

Das war er grad, Schritt Nummer zehn,
Die Duellanten sich umdreh'n,
Sie heben die Waffen in alter Manier,
Ein Anblick ist es, eine Zier. Die Waffen heben sich gezielt,
Erst jetzt sieht Dichtern, dass er schielt,
Der Ehrenmann – er schießt vorbei.
Auch er drückt ab und trifft ins Schwarze, Dem Dichter ist sehr wohl dabei.
Dem Ehrenmann voll in die Warze
Über seinem linken Aug',
Der Dichter tief die Luft einsaugt. Dann ist es, als er endlich sieht,
Wie und was mit ihm geschieht.
Das Auge auf, stellt sich heraus,
Die Phantasie spielte nen Streich, Für'n Ehrenmann ist's doch nicht aus.
Der Ehrenmann, er drückt nun weich
Den Abzug seiner Waffe durch,
Ein letzter Augenblick der Furcht
Und dann ertönt auch schon der Schuss. * * *
Und das war dann des Dichters Schluss. So ein Duell, es war nicht selten,
Für Ehrenmänner konnt' nur gelten,
Dass ihre Ehre unbeleckt.
Dass im Duell nur sie gewannen. Dass nicht die Pest sie angesteckt.
Sie war'n das End für viele Mannen.
Wenn eine Ehre war befleckt,
Ein Dichter bald darauf verreckt. Die Kunst, sie wurd' dahingerafft,
Wie's heute nur das Fernseh'n schafft,
Der Dichtkunst Tod war angesagt,
Die toten Dichter sind beklagt.
Auch heute sind sie nur formell
Geschützt vorm Tod durch ein Duell!

Der Auto...R!

Martin Cordemann ist auch unter dem Spitznamen „PeeWee" bekannt, der eine Abkürzung für „Peter Werner" ist – auch wenn er gar nicht so heißt. Er saß ein Jahr in Nienburg/Weser ... seinen Dienst bei der Bundeswehr ab. 2005 wurde er für den Niederrheinischen Kabarettpreis „Das schwarze Schaf" nominiert, was zu dem vorherigen Satz aber in keinerlei Zusammenhang steht.

Der Köln-Comic „Die DomSpitzen" und der München-Comic „Bruder Thadeus: Das Münchner Kindl" wurden von ihm geschrieben und von Ralf Paul gezeichnet. 2011 war er kurzfristig stellvertretender Leiter des Severins-Burg-Theaters. Dort spielte er nicht nur seine Kabarettprogramme „Halb Fiction" und „Ganz dünnes Eis", dort fand außerdem die Uraufführung seiner Komödie „Alles Liebe – oder nicht?" mit ihm in einer der Hauptrollen statt.

Wer ihn auf der Bühne sehen möchte, kann dies zusammen mit Tillmann Courth und Cris Revon tun. Bei einem der beiden zu Hause. Nein, Quatsch, mit den beiden ist er in dem Sketch-Kabarett „Bitte belüg mich!" zu sehen. So ist besser. Gemeinsam mit Angela Krüll schrieb er den Text des Liedes „In Kölle verliebt" für die Kölner Gruppe „Klüngelköpp". Und jetzt geht er erstmal was trinken.

128